AF542548

Todos los libros de Linkgua Ediciones cuentan con modelos de Inteligencia Artificial entrenados por hispanistas. Pregúntale al chat de tu libro lo que desees acerca de la obra o su autor/a.

Para ebooks: Accede a nuestro modelo de IA a través de este enlace.

Para libros impresos: Escanea el código QR de la portada con tu dispositivo móvil.

Obtén análisis detallados de nuestros libros, resúmenes, respuestas a tus preguntas y accede a nuestras ediciones críticas generativas para una experiencia de lectura más enriquecedora.
La transparencia y el respeto hacia la autoría de las fuentes utilizadas son distintivos básicos de nuestro proyecto. Por ello, las respuestas ofrecen, mediante un sistema de citas, las fuentes con las que han sido elaboradas.

Gaspar de Carvajal

La aventura del Amazonas
Descubrimiento del río de las Amazonas

Barcelona 2024
Linkgua-ediciones.com

Créditos

Título original: La aventura del Amazonas.

e-mail: info@linkgua.com

Diseño de la colección: Michel Mallard.

ISBN rústica ilustrada: 978-84-900-7490-9
ISBN tapa dura: 978-84-1126-726-7.
ISBN ebook: 978-84-9897-802-5.

Sumario

Brevísima presentación

La vida

Gaspar de Carvajal (Trujillo, c. 1500-Lima, Perú, 1584). España.

Tras ingresar en la orden dominica, marchó a Perú en 1523, dedicándose a la conversión de los indígenas. En 1540 fue capellán en la expedición de Gonzalo Pizarro, en busca del País de la Canela al este de Quito.

Carvajal permaneció años en este territorio, y se dice que convirtió a la mayor parte de los indígenas de la zona. En 1553 fue instituido como prior del convento de Huamanga y provincial de Tucumán. Hay constancia de una carta de Carvajal al rey informándole de los abusos que sufrían los indios en las minas del Perú y pidiéndole interviniese en favor de éstos.

Crónicas de la conquista del Amazonas

Bajo el título *La aventura del Amazonas* se publicó una antología que comprende este texto de Carvajal juntos a otros documentos escritos por otros conquistadores. Para evitar confusiones Linkgua ha publicado dicha antología con el título de *Crónicas de la conquista del Amazonas*. La presente edición de La aventura del Amazonas incluye solo la crónica de Carvajal.

La expedición de Carvajal atravesó los Andes y se internó en la selva amazónica. Pizarro ordenó a su segundo al mando que con cincuenta hombres (entre ellos Gaspar de Carvajal) descendiese el río Napo en busca de provisiones.

Alcanzaron la confluencia del Napo y el Trinidad, pero no encontraron provisiones. Sin poder volver atrás por la fuerza de la corriente, decidieron seguir río abajo, hasta llegar a la desembocadura del Amazonas.

Los datos de la expedición registrados por fray Gaspar de Carvajal proporcionan información de gran interés etnológico sobre la disposición y tamaño de los poblados, ocupación continua a lo largo de las barrancas del río, caminos amplios que comunican el río Amazonas con la tierra firme, tácticas de guerra, rituales, costumbres y utensilios aborígenes.

A su regreso al Perú, Carvajal fue elegido subprior del convento de San Rosario en Lima. En este puesto, fue elegido para arbitrar entre el virrey, y los auditores de la Real Audiencia en 1554. Después de la pacificación del Perú, fue enviado por sus superiores como misionero a Tucumán, siendo nombrado protector de los indios.

Relación

que escribió fray Gaspar de Carvajal, Fraile de la Orden de Santo Domingo de Guzmán, del nuevo descubrimiento del famoso río grande que descubrió por muy gran ventura el Capitán Francisco de Orellana desde su nacimiento hasta, salir al mar, con cincuenta y siete hombres que trajo consigo y se echó a su ventura por el dicho río, y por el nombre del Capitán que le descubrió se llamó el Río de Orellana

El padre Gaspar de Carvajal

La Provincia de Extremadura, en la España de los Reyes Católicos y del Emperador Carlos V, fue rico venero de contingente humano en el descubrimiento, la conquista y la colonización de América. De su suelo arisco e inquieto surgieron aventureros audaces que buscaron fortuna para sus exhaustos caudales y gloria para sus nombres casi siempre modestos y olvidados en el propio terruño. Y con ellos, como para desvanecer los desaciertos de las espadas de los más atrevidos, vinieron los misioneros de Órdenes religiosas que con la palabra evangélica y la Cruz de Cristo sembraron entre la raza aborigen la simiente del consuelo y de la resignación, el alivio de tantos quebrantos y la fe en los destinos futuros de regiones al parecer inhóspitas y crueles. Uno de esos apóstoles, verdaderos mártires en el límite que separa la vida de la muerte, fue el Padre Gaspar de Carvajal.

Nació este ilustre fraile de Santo Domingo de Guzmán en la ciudad de Trujillo hacia el año de 1504, y a fines de 1536 se embarcó para Tierra Firme con ocho compañeros suyos de claustro, en cumplimiento de la real Cédula de 30 de septiembre de 1535, que ordenaba el envío de religiosos al

Perú «para la instrucción de los naturales della en las cosas de nuestra santa Fee católica». El Padre Carvajal asumió la dirección y gobierno del encargo y puso tal empeño en el buen cumplimiento de su misión que ya en 1538 lo hallamos de Vicario Provincial en Lima, en el primer convento de su Orden fundado por él en tierras del Inca.

Fue capellán de las huestes de Gonzalo Pizarro en Quito, y a su lado emprendió la empresa de encontrar «el país de la canela». En 1540, ya en plena selva amazónica, los rigores del suelo lo obligaron a seguir la nueva expedición del Capitán Francisco de Orellana hacia las «terrae incognitae», de las cuales fue descubridor y cronista. En un combate con los indios recibió gravísima herida que él mismo refiere cuando escribe: «...me dieron un flechazo por un ojo, que pasó la flecha a la otra parte, de la cual herida he perdido el ojo y no estoy sin fatiga y falta de dolor, puesto que Nuestro Señor, sin yo merecerlo, me ha querido otorgar la vida para que me enmiende y le sirva mejor que fasta aquí». Y Antonio de Herrera comenta en una de sus *Décadas*: «Cosa que a todos dio mucha pesadumbre porque este Padre, demás de ser muy religioso, con su amor y prudencia ayudó mucho en estos trabajos».

Fue testigo de vista en los dos largos años que llevó el descubrimiento y exploración del río Amazonas. Vida de fatiga y de peligros continuos, frente a la maraña desconocida, sobre las aguas tumultuosas y al asecho de los ataques indígenas. Así corrieron los días para los hombres de la expedición de Orellana, principalmente para los que como el Padre Carvajal eran, a más de soldados valientes, apóstoles decididos al sacrificio.

Cumplida su obra de descubridor regresó a su antiguo asiento a proseguir su labor de catequista. Su afán en la conquista de las almas lo llevó a Tucumán como protector de indios y al Cuzco en calidad de prior de su monasterio. Octogenario, incapaz físicamente para «emprender los dilatados viajes que constituyen la nota dominante de su larga carrera», murió Fray Gaspar de Carvajal en su convento de Lima, en 1584, «habiendo honrado su entierro la asistencia de los Cabildos, Tribunales, Prelados y religiosos».

Dejó el cronista una *Relación* de todo lo que vio en la expedición del Amazonas. Escrita con sencillez y a veces hasta con ingenuidad es, por el espíritu de verdad que ella encierra, el más valioso documento para honrar y admirar a los que intervinieron en aquella aventura. Más de 300 años permaneció inédito tal escrito hasta que en 1851 la Real Academia de la Historia, de Madrid, lo publicó en la *Historia General de Indias* de Gonzalo Fernández de Oviedo. Desgraciadamente la trascripción adolece de innúmeros errores hasta el extremo de haber sido considerada por algunos bibliófilos como «apócrifa, alterada y deficiente». Cuarenta años más tarde el ilustre chileno don José Toribio Medina, el más eficaz investigador de los anales de América, encontró una copia de la *Relación*, la cual publicó en Sevilla, en magnífica presentación, en febrero de 1895. Del erudito prólogo que trae el libro hemos tomado algunas de las noticias biográficas que aquí damos sobre el padre Carvajal. Y ahora, en el interés que el gobierno de Colombia tiene por el afianzamiento y desarrollo de la cultura en la República, aparece esta nueva edición dirigida por el doctor Juan B. Bueno Medina, dignísimo Jefe de la Sección de Libros Raros y Curiosos de la Biblioteca Nacional y muy competente investigador de todo lo que atañe a la empresa amazónica de 1542, de la cual fue fray Gaspar alma y nervio, testigo e historiador.

Luis Augusto Cuervo

Bogotá, marzo de 1942.

Descubrimiento del río de las Amazonas

Relación de Fr. Gaspar de Carvajal; exfoliada de la obra de José Toribio Medina, edición de Sevilla, 1894 por Juan B. Bueno Medina

El padre Gaspar de Carvajal
Descubrimiento del río de Orellana

Para que mejor se entienda todo el suceso desta jornada se ha de presuponer que este capitán Francisco de Orellana era capitán y teniente de gobernador de la ciudad de Santiago,[1] la que él en nombre de Su Majestad pobló y conquistó a su

1 La ciudad de Santiago de Guayaquil.
Muy confusa anda en los cronistas la historia de las diversas fundaciones que ha tenido esta ciudad, y es lo cierto que hoy ni en los archivos de España ni en el Ecuador se conserva testimonio auténtico del hecho.
Pedro Cieza de León dice que la primera fundación la hizo en 1534 Sebastián de Benalcázar, en la boca del río Babahoyo; pero Alcedo sostiene que la verificó Francisco Pizarro un año antes en la bahía de Charapotó. Es constante que Benalcázar dejó allí por alcalde y capitán a un Diego Daza, y que, sublevados los indios, mataron a todos los españoles, con excepción de Daza y cinco o seis de sus compañeros que lograron escapar a Quito. Deseoso de escarmentar a los sublevados y de fundar de nuevo el pueblo, Daza regresó allí, en unión del Capitán Tapia y de algunos soldados, sin lograr su intento; y como ya por ese entonces Benalcázar había salido a nuevos descubrimientos por el norte, y Francisco Pizarro supiese lo que pasaba, despachó desde Lima, con el mismo propósito, al Capitán Zaera, quien estaba ya entendiendo en el repartimiento de los naturales de las vecindades cuando fue llamado a toda prisa para que acudiese

al socorro de la capital, que tenían cercada los indios, y así hubo de despoblarse de nuevo aquel asiento.

En estas circunstancias fue cuando el mismo Pizarro despachó a Orellana, en 1538, para que con mayor número de soldados y caballos, como entonces se decía, hiciese la población en mejor sitio y más dispuesto, como lo ejecutó en la orilla occidental del río de su nombre. Cieza (*Crónica del Perú*, cap. IV), seguido de Herrera (*Descripción de las Indias*, pág. 37) dice que esta fundación tuvo lugar en 1537, fecha que está evidentemente equivocada, puesto que habiéndose dado a Orellana por Pizarro título para que verificase la conquista y población de la provincia después de la batalla de las Salinas (abril de 1538), la fundación no ha podido verificarse antes de este último año.

Vamos ahora a dar a conocer un documento que da fe de cómo desempeñó Orellana su cometido, y que confirma de la manera más amplia lo que dejamos establecido.

Es una información rendida en San Francisco de Quito, en noviembre de 1571, por Martín Ramírez de Guzmán, de los servicios hechos por su padre Rodrigo de Vargas, en el cual se encuentra la pregunta trece del interrogatorio, que dice así: «Ítem, si saben que después de la dicha población de la dicha ciudad declarada en la pregunta antes desta, en las conquistas y entradas que se ofrecieron, el dicho Rodrigo de Vargas sirvió en ellas personalmente y a su costa; e acabada la batalla de las Salinas, queriendo gratificar el Marqués don Francisco Pizarro a algunas personas que de su parte se habían hallado contra don Diego de Almagro, el dicho Marqués envió a conquistar y poblar la provincia de Guayaquil, por caer en el repartamiento de Yagual, al capitán Francisco de Orellana, e con él vinieron otras personas señaladas para el dicho efecto, y se mandó al dicho Rodrigo de Vargas que viniese con él, para tener allí también su repartimiento; y ansí vinieron, y en la conquista y población de los chonos del río y la gente de la dicha provincia, por ser belicosa y la tierra áspera, llena de ciénagas e manglares, y en ello el dicho Rodrigo de Vargas sirvió muy escogidamente, padesciendo muchos trabajos».

He aquí lo que los testigos declararon al tenor de esta pregunta:

Gaspar Ruiz: «que vido a Orellana contenido en la pregunta que vino por teniente de la cibdad de Puerto Viejo, por mandado de don Francisco Pizarro, y llegado que fue, fue con cierta gente a conquistar la provincia de Guayaquil, que eran los guancavelicas... lo cual sabe este testigo porque fue con el dicho Orellana e vido que pasó lo que dicho tiene».

El capitán Diego de Sandoval: «que viniendo de la cibdad de Panamá, llegó a la cibdad de Puerto Viejo, donde estaba por capitán de la cibdad el Capitán Orellana, que había venido de donde la pregunta dice, e vido ansí mismo al dicho Rodrigo de Vargas, que estaba en compañía del dicho Orellana, e anduvieron en la conquista de la dicha provincia»...

Francisco de Illescas dijo que «este testigo vino con el capitán Zaera a la conquista de la provincia de Guayaquil, y llegados que fueron a ella, como de la cibdad de Puerto Viejo venía un capitán con cierto número de gente para la conquista de la dicha provincia, entre los cuales venía el dicho Rodrigo de Vargas, que tenía en encomienda el pueblo de los lemos, se juntó la una gente de españoles con la otra, y estando allí el capitán Zaera acordó con su gente, e por mandado del dicho marqués don Francisco Pizarro, a se volver a la dicha cibdad de los Reyes al socorro della, porque tenía nueva cómo estaban todos los naturales de estos reinos alzados en compañía de Mango Inga, con el cual este testigo se fue»...

Francisco Pérez de Bivero: «que sabe e vio cómo el dicho marqués don Francisco Pizarro envió al capitán Francisco de Orellana con gente para que viniese a conquistar esta provincia de Guayaquil, adonde vinieron e mandaron al dicho Rodrigo de Vargas e a otros vecinos de la dicha cibdad de Puerto Viejo, que tenían sus repartimientos de indios en esta provincia de Guayaquil, viniesen y se hallasen en la conquista della»...

Juan de Vargas, que al parecer fue hijo del capitán de su mismo nombre y apellido que acompañó a Orellana en su viaje por el Marañón abajo, dijo: «que después que este testigo llegó a la dicha cibdad de Puerto Viejo, vido cómo, por mandado del dicho marqués don Francisco Pizarro, el dicho capitán Francisco de Orellana con gente vino a la conquista e pacificación de esta dicha cibdad de Guayaquil, a la cual por caer el repartimiento de Yagual del dicho Rodrigo de Vargas, e en su término y jurisdicción, le mandaron se viniese a hallar en la conquista y pacificación de la dicha tierra»...

Francisco Perdomo: «que vino en compañía del dicho capitán Francisco de Orellana a la dicha conquista desta provincia, que vino a la hacer por mandado y comisión del dicho marqués don Francisco Pizarro»...

Guayaquil, sin embargo, no subsistió en el sitio elegido por Orellana: se trasladó después a la parte que llamaron «ciudad vieja», y última-

costa, y de la Villa Nueva de Puerto Viejo,[2] ques en las Provincias del Perú; y por la mucha noticia que se tenía de una tierra donde se hacía canela, por servir a Su Majestad en el descubrimiento de la dicha cartela, sabiendo que Gonzalo Pizarro, en nombre del Marqués,[3] venía a gobernar a Quito y a la dicha tierra quel dicho Capitán tenía a cargo; y para ir al descubrimiento de la dicha tierra, fue a la villa de Quito, donde estaba el dicho Gonzalo Pizarro, a le ver y meter en la posesión de la dicha tierra. Hecho esto, el dicho Capitán dijo al dicho Gonzalo Pizarro cómo quería ir con él en servicio de

mente, en 1693, al paraje donde hoy está; «y por haberse aumentado considerablemente su vecindario, manifiesta Alcedo, forman una de las dos, que son como barrios separados»... (*Diccionario de América*, t. II, pág. 330).
En la obra de don Dionisio de Alcedo y Herrera, titulada *Compendio histórico de la provincia, partidos, ciudades, astilleros, ríos y puerto de Guayaquil*, Madrid, 1741, 4.°, a pesar de lo que de su título y autor podía esperarse, no se halla una palabra relativa a las fundaciones de la ciudad.

2 La Villa Nueva de Puerto Viejo fue fundada, bajo la advocación de San Gregorio, el 12 de marzo de 1535, por Gonzalo de Olmos, en nombre de Pizarro. Situada en su origen a orillas del mar, se trasladó en 1628 a cuatro leguas de distancia, por haber sido saqueada por el corsario L'Heremite (Alcedo, *Diccionario geográfico de América*, t. III, pág. 317. Dionisio Alcedo, *Compendio histórico de Guayaquil*, pág. 55).

3 Don Francisco Pizarro, a quien se ha llamado Marqués de Charcas, y muy generalmente de Los Atavillos. La verdad es, sin embargo, que Carlos V, al crearle marqués, no le señaló tierras ni designación alguna al título. En cédula firmada en Monzón a 10 de octubre de 1537, le dice, en efecto, el Emperador, después de manifestar que encarga al Obispo Valverde que le informe de la parte donde le podrían señalar vasallos: «Solicitaréis que con brevedad se haga, para que, venido, yo vos mande enviar el título y provisión de la dicha merced, y entre tanto llamaros eis Marqués, como yo os lo escribo, que por no se saber el nombre que terná la tierra que se os dará, no se envía agora el dicho título».

Su Majestad y llevar sus amigos y gastar su hacienda para mejor servir; y esto concertado, el dicho Capitán se volvió a reformar a la dicha tierra que a cargo tenía y a dejar en quietud y sosiego las dichas ciudad y villa, y para seguir la dicha jornada gastó sobre cuarenta mil pesos de oro en cosas necesarias, y, aderezado, se partió para la villa de Quito, donde dejó al dicho Gonzalo Pizarro, y cuando llegó le falló que era ya partido, de cuya causa el Capitán estuvo en alguna[4] confusión de lo que había de hacer, y se determinó de pasar adelante y lo seguir [roto], aunque los vecinos de la tierra se le estorbaban por haber de pasar por tierra muy belicosa y fragosa y que temían lo matasen, como habían hecho a otros[5] que habían ido con muy gran copia de gente; pero no obstante esto, por servir a Su Majestad, determinó con todo este riesgo de seguir tras el dicho Gobernador; y así, padeciendo muchos trabajos, así de hambres como de guerras que los indios le daban, que por no llevar más de veinte y tres hombres muchas veces lo ponían en tanto aprieto que pensaron ser perdidos y muertos en manos de ellos, y con este trabajo, caminó [roto] leguas desde el Quito, en el término de las cuales perdió cuanto llevaba, de manera que cuando alcanzó al dicho Gonzalo Pizarro no llevaba sino una espada y una rodela, y sus compañeros por el consiguiente, y desta manera

4 Desde aquí existe una laguna en la copia de Muñoz.

5 ...«Que temían lo matasen (a Orellana) como habían hecho a otros que habían ido con muy gran copia de gente»... Creemos que con estas palabras el padre Carvajal solo puede referirse a Gonzalo Díaz de Pineda, que, como dice Herrera, en 1536 pasó la gran cordillera, «entró en la tierra de los Quijos y la Canela, y fue el primero que lo hizo y la reconoció»... (*Década* V, lib. X, cap. XIV). «Este con cantidad de españoles, añade Oviedo, allegó descubriendo hasta unas sierras muy grandes, y en las faldas dellas salieron muchos indios a le defender el paso adelante, y le mataron algunos españoles, y entre ellos un clérigo».

entró en la provincia de Motin, donde estaba el dicho Gonzalo Pizarro con su real, y allí se juntó con él y fue en demanda de la dicha canela: y aunque esto que he dicho hasta aquí no lo vi ni me hallé en ello, pero me informé de todos los que venían con el dicho Capitán, porque estaba yo con el dicho Gonzalo Pizarro y le vi entrar a él y sus compañeros de la manera que dicho tengo; pero lo que de aquí en adelante dijere será como testigo de vista y hombre a quien Dios quiso dar parte en un tan nuevo y nunca visto descubrimiento, como es éste que adelante diré. Después que el dicho Capitán llegó al dicho Gonzalo Pizarro, que era gobernador, fue en persona a descubrir la canela, y no halló tierra ni disposición donde a Su Majestad pudiese hacer servicio, y así determinó de pasar adelante, y el dicho Capitán Orellana en su seguimiento con la demás gente, y alcanzó al dicho Gobernador en un pueblo que se llama Quema, que estaba en unas cabanas ciento treinta leguas de Quito, y allí se tornaron a juntar; y el dicho Gobernador queriendo enviar, por el río abajo a descubrir, hobo pareceres que no lo hiciese, porque no era cosa para seguir un río y dejar las cabanas que caen a las espaldas de la villa de Pasto y Popayán, en que había muchos caminos; y todavía el dicho Gobernador quiso seguir el dicho río, por el cual anduvimos veinte leguas, al cabo de las cuales hallamos unas poblaciones no grandes, y aquí determinó el dicho Gonzalo Pizarro se hiciese un barco para navegar el río de un cabo al otro por comida, que ya aquel río tenía media legua de ancho; y aunque el dicho Capitán era de parecer que no se hiciese el dicho barco por algunos buenos respetos, sino que diesen vuelta a las dichas cabanas y siguiésemos los caminos que iban al dicho ya poblado, el dicho Gonzalo Pizarro no quiso sino que se pusiese en obra el dicho barco; y así, el Capitán Orellana, visto esto, anduvo por todo el real sacando hierro para clavos y echando a cada uno la madera que había de traer, y desta manera y con el trabajo de todos se hizo el dicho barco, en el cual metió el dicho Gobernador Pizarro alguna ropa y indios dolientes, y seguimos el río abajo otras cincuenta leguas, al cabo de las cuales se nos acabó el poblado y íbamos ya con muy gran necesidad y falta de comida, de cuya cabsa todos los compañeros iban muy descontentos y platicaban de se volver y no pasar adelante, porque se tenía noticia que había gran despoblado, y el Capitán Orellana, viendo lo que pasaba y la gran necesidad en que todos estaban, y que había perdido todo cuanto tenía, le pareció que no cumplía con su honra dar la vuelta sobre tanta pérdida, y así se fue al dicho Gobernador y le dijo cómo él determinaba de dejar lo poco que allí tenía y seguir el río abajo, y que si la ventura le favoreciese en que cerca hallase poblado y comida con que todos se pudiesen remediar, que él se lo haría saber, y que si viese que se tardaba, que no hiciese cuenta del, y que, entre tanto, que se retrajese atrás donde hubiese comida, y que allí le esperase tres o cuatro días, o el tiempo que le pareciese, y que si no viniese, que no hiciese cuenta del; y con esto el dicho Gobernador le dijo que hiciese lo que le pareciese: y así, el Capitán Orellana tomó consigo cincuenta y siete hombres, con los cuales se metió en el barco ya dicho y en ciertas canoas que a los indios se habían tomado, y comenzó a seguir su río abajo con propósito de luego dar la vuelta, si comida se hallase; lo cual salió al contrarío de como todos pensábamos, porque no fallamos comida en doscientas leguas, ni nosotros la hallábamos, de cuya cabsa padecimos muy gran necesidad, como adelante se dirá; y así, íbamos caminando suplicando a Nuestro Señor tuviese por bien de nos encaminar en aquella jornada de manera que pudiésemos volver a nuestros compañeros. El segundo día que salimos y nos apartamos de nuestros compañeros nos hubiéramos de perder en medio del río, porque el barco dio en un palo y le sumió una tabla, de manera que a no estar cerca de tierra acabáramos allí nuestra jornada; pero se puso luego remedio en sacarse de agua y ponerle un pedazo de tabla, y luego comenzamos nuestro camino con muy gran priesa; y como el río corría mucho, andábamos a veinte y a veinte y cinco leguas, porque ya el río iba crecido y aumentando así, por cabsa de otros muchos ríos que entraban en él, por la mano diestra hacia el sur. Caminamos tres días sin poblado ninguno. Viendo que nos habíamos alejado de donde nuestros compañeros habían quedado y que se nos había acabado lo poco que de comer traíamos para nuestro camino tan incierto como el que facíamos, se puso en plática entre el Capitán y los compañeros la dificultad, y la vuelta, y la falta de comida, porque como pensábamos de dar luego la vuelta, no metimos de comer; pero en confianza que no podíamos estar lejos, acordamos de pasar adelante, y esto no con poco trabajo de todos, y como otro ni otro día no se hallase comida ni señal de población, con parecer del Capitán, dije yo una misa, como se dice en la mar, encomendando a Nuestro Señor nuestras personas y vidas, suplicándole, como indigno, nos sacase de tan manifiesto trabajo y perdición, porque ya se nos traslucía, porque aunque quisiésemos volver agua arriba no era posible por la gran corriente, pues tentar de ir por tierra era imposible: de manera qué estábamos en gran peligro de muerte a cabsa de la gran hambre que padecimos; y así, estando buscando el consejo de lo que se debía de hacer, platicando nuestra aflicción y trabajos, se acordó que eligiésemos de dos males el que al Capitán y a todos pareciese menor, que fue ir adelante y seguir el río o morir o ver lo que en él había, confiando en Nuestro Señor que tendría por bien de conservar nuestras vidas fasta ver nuestro remedio; y entretanto, a falta de otros mantenimientos, vinimos a tan gran necesidad que no comíamos sino cueros, cintas y suelas de zapatos cocidos con algunas yerbas, de manera que era tanta nuestra flaqueza que sobre los pies no nos podíamos tener, que unos a gatas y otros con bordones se metieron a las montañas a buscar algunas raíces que comer, y algunos hubo que comieron algunas yerbas no conocidas, los cuales estuvieron a punto de muerte, porque estaban como locos y no tenían seso; pero como Nuestro Señor era servido que siguiésemos en nuestro viaje, no murió ninguno. Con esta fatiga dicha iban algunos compañeros muy desmayados, a los cuales el Capitán animaba y decía que se esforzasen y tuviesen confianza en Nuestro Señor, que pues él nos había echado por aquel río, tendría por bien de nos sacar a buen puerto: de tal manera animó a los compañeros que recibiesen aquel trabajo.

El día de año nuevo de cuarenta y dos pareció a ciertos compañeros de los nuestros que habían oído atambores de indios, y algunos lo afirmaban y otros decían que no; pero algún tanto se alegraron con esto y caminaron con mucha [más] diligencia de la acostumbrada; y como a lo cierto aquel día ni otro no se viese poblado, se vio ser imaginación, como en la verdad lo era; y desta cabsa, así los enfermos como los sanos, desmayaban en tanta manera, que les parecía que ya no podían escapar; pero con las palabras que el Capitán les decía los sustentaba, y como nuestro Dios es padre de misericordia y de toda consolación, que repara y socorre al que le llama en el tiempo de la mayor necesidad: y es, que estando lunes en la noche, que se contaron ocho del mes de Enero, comiendo ciertas raíces montesinas, oyeron muy claramente atambores, de muy lejos de donde nosotros estábamos, y el

Capitán fue el que los oyó primero y lo dijo a los compañeros, y todos escucharon, y, certificados, fue tanta el alegría que todos sintieron, que todo el trabajo pasado echaron en olvido porque ya estábamos en tierra poblada y que ya no podíamos morir de hambre. El Capitán proveyó luego en que por cuartos nos velásemos con mucha orden, porque [roto] podría ser los indios habernos sentido y venir de noche a dar sobre el real, como ellos suelen hacer; y así, aquella noche hubo muy gran vela, no durmiendo el Capitán, pareciendo que aquella noche sobrepujaba a las demás, porque deseaban tanto el día por verse hartos de raíces. Siquiera venida la mañana, el Capitán mandó que se aderezase la pólvora y arcabuces y ballestas, y que todos fuesen al punto a armarse, porque a la verdad aquí ninguno de los compañeros estaba sin mucho cuidado por hacer lo que debían. El Capitán tenía el suyo y el de todos; y así por la mañana, todo muy bien aderezado e puesto en orden, comenzamos a caminar en demanda del pueblo. Al cabo de dos leguas que habíamos ido el río abajo vimos venir por el río arriba cuatro canoas llenas de indios a ver y requerir la tierra, y como nos vieron, dan la vuelta a gran priesa, dando arma, en tal manera que en menos de un cuarto de hora oímos en los pueblos muchos atambores que apellidaban, la tierra, porque se oyen de muy lejos y son tan bien concertados que tienen su contra y tenor y tiple: y luego el Capitán mandó que a muy gran priesa reinasen los compañeros que llevaban los remos en las manos, por que llegásemos al primer pueblo antes que las gentes se recogiesen; y así fue que a muy gran priesa comenzamos a caminar, y llegamos al pueblo a donde los indios todos estaban esperando a defender y guardar sus casas, y el Capitán mandó que con muy gran orden saltasen todos en tierra y que todos mirasen por uno y uno por todos, y que ninguno se desmandase y como buenos mirasen lo que tenían entre manos, y que cada uno hiciese lo que era obligado: fue tanto el ánimo que todos cobraron en viendo el pueblo, que olvidaron toda fatiga pasada, y los indios dejaron el pueblo con toda la comida que en él había, que no fue poco reparo y amparo para nosotros. Antes que los compañeros comiesen, aunque tenían harta necesidad, mandó el Capitán que corriesen todos al pueblo, porque después estando recogiendo comida y descansando no volviesen los indios sobre nosotros y nos hiciesen daño, y así se hizo. Aquí comenzaron los compañeros a se vengar de lo pasado, porque no hacían sino comer de lo que los indios tenían guisado para sí y beber de sus brebajes; y esto con tanta agonía que no pensaban verse hartos; y no se hacía esto muy al descuido, porque, aunque comían como hombres lo que había menester, no olvidaban de tener cuidado de lo que les era necesario para defender sus personas, que todos andaban sobre aviso, las rodelas al hombro y las espadas debajo de los sobacos, mirando si los indios volvían sobre nosotros; y así estuvimos en este descanso, que tal se puede llamar para nosotros según el trabajo [que] habíamos pasado, fasta dos horas después del medio día, que los indios comenzaron a venir por el agua a ver qué cosa era, y así andaban como bobos por el río; y visto esto por el Capitán, se puso sobre la barranca del río, y en su lengua, que en alguna manera los entendía, comenzó de fablar con ellos y decir que no tuviesen temor y que llegasen, que les quería hablar; y así llegaron dos indios hasta donde estaba el Capitán, y les halagó y quitó el temor y les dio de lo que tenía, y dijo que fuesen a llamar al señor, que le quería hablar, y que ningún temor tuviese que le hiciese mal ninguno; y así los indios tomaron lo que les fue dado y fueron luego a decirlo a su señor, el que vino luego muy lucido donde el Capitán y los compañeros estaban, y fue muy bien recebido del Capitán y de todos, y le abrazaron, y el mesmo Cacique mostró tener en sí mucho contentamiento en ver el buen recibimiento que se le facía. Luego el Capitán le mandó dar de vestir y otras cosas con que él mucho se halagó, y después quedó tan contento que dijo que mirase el Capitán de qué tenía necesidad, que él se lo daría, y él Capitán le dijo que de ninguna cosa más que de comida lo mandase proveer; y luego el Cacique mandó que trajesen comida sus indios, y con muy gran brevedad trajeron abundante lo que fue necesario así de carnes, perdices, pavas y pescados de muchas maneras; y después desto, el Capitán lo agradeció mucho al Cacique y le dijo que se fuese con Dios, y que le llamase a todos los señores de aquella tierra, que eran trece, porque a todos juntos les quería hablar y decir la cabsa de su venida; y él, aunque le dijo que otro día serían todos con el Capitán, y que él los iba a llamar, y se partía muy contento, el Capitán quedó dando orden en lo que convenía a él y a sus compañeros, ordenando las velas para que, así de día como de noche, hubiese mucho recaudo porque los indios no diesen en nosotros ni hubiese descuido ni flojedad por donde tomasen ánimo de nos acometer de noche o de día. Otro día a hora de vísperas vino el dicho Cacique y trujo consigo otros tres o cuatro señores, que los demás no pudieron venir por estar lejos, que otro día vendrían; el Capitán les hizo el mismo recebimiento que al primero y les habló muy largo de parte de Su Majestad, y en su nombre tomó la posesión de la dicha tierra; y así fizo a todos los demás que después en esta provincia vinieron, porque, como dije, eran trece, y en todos tomó posesión en nombre de Su Majestad. Viendo el Capitán que toda la gente y señores de la tierra tenían de paz y consigo, que convenía al buen tratamiento, todos holgaban de venir en paz; y así tomó posesión en ellos en la dicha tierra en nombre de Su Majestad; y después desto fecho, mandó juntar a sus compañeros para les hablar en lo que convenía a su jornada y salvamiento, y sus vidas, haciéndoles un largo razonamiento, esforzándoles con muy grandes palabras. Después de hecho este razonamiento el Capitán, los compañeros quedaron muy contentos por ver el buen ánimo que el Capitán en sí tenía y ver con cuánta paciencia sufría los trabajos en que estaba, y le dijeron[6] también muy buenas palabras, y con las palabras que el Capitán les decía andaban tan contentos que ninguna cosa de lo que trabajaban no sentían.

Después que los compañeros estuvieron reformados algún tanto de la hambre y trabajo pasado, estando para trabajar, el Capitán, viendo que era necesario proveer lo de adelante, mandó llamar a todos sus compañeros, y les tornó a decir que ya veían que con el barco que llevábamos e canoas, si Dios fuese servido de nos aportar a la mar, no podíamos en ello salir a salvamento, y por esto era necesario procurar con diligencia de hacer otro bergantín que fuese de más porte para que pudiésemos navegar, y aunque no había entre nosotros maestro que supiese de tal oficio, porque lo que más dificultoso hallábamos era el hacer los clavos; y en este tiempo los indios no dejaban de acudir y venir al Capitán y le traer de comer muy largo y con tanta orden como si toda su vida hubieran servido; y venían con sus joyas y patenas de oro, y jamás el Capitán consintió tomar nada, ni aun solamente mirarlo, porque los indios no entendiesen que lo teníamos en algo, y mientras más en esto nos descuidábamos, más oro se echaban a cuestas.

Aquí nos dieron noticia de las amazonas y de la riqueza que abajo hay, y el que la dio fue un indio llamado Aparia,[7]

6 Hasta aquí llega la laguna de la copia de Muñoz.
7 Otras veces se lee Aparian, o simplemente Parian.

viejo que decía haber estado en aquella tierra, y también nos dio noticia de otro señor que estaba apartado del río, metido en la tierra adentro, el cual decía poseer muy gran riqueza de oro: este señor se llama Ica; nunca lo vimos, porque; como digo, se nos quedó desviado del río.

E por no perder el tiempo ni gastar la comida en balde, acordó el Capitán que luego se pusiese por obra lo que se había de hacer, y así mandó aparejar lo necesario, y los compañeros dijeron que querían en comenzar luego su obra; Y hubo entre nosotros dos hombres a los cuales, no se debe poco por hacer lo que nunca aprendieron, y parecieron ante el Capitán y le dijeron que ellos con ayuda de Nuestro Señor harían los clavos que fuesen menester, que mandase a otros a hacer carbón. Estos dos compañeros se llaman el uno Juan de Alcántara,[8] hidalgo natural de la villa de Alcántara, y el otro Sebastián Rodríguez,[9] natural de Galicia; y el Capitán se lo agradeció, prometiéndoles el galardón y pago de tan gran obra; y luego mandó hacer unos fuelles de borceguíes, y así todas las demás herramientas, y los demás compañeros mandó que de tres en tres diesen buena hornada de carbón, lo cual se puso luego por obra, y tomó cada uno su herramienta y se iban al monte a cortar leña y la traer a cuestas desde el monte hasta el pueblo, que habría media legua, y hacían sus hoyos, y esto con muy gran trabajo. Como estaban flacos y

8 Alcántara (Juan de).- Hubo entre los compañeros de Orellana dos del mismo nombre y apellido, como ya lo hizo notar Fernández de Oviedo: éste que aquí se cita, y otro Juan de Alcántara del Maestrazgo de Santiago. A uno de éstos fue a quien Gonzalo Pizarro confió el bergantín luego de construido. Ambos fallecieron durante el viaje.

9 Sebastián Rodríguez.- Su firma se registra al pie del documento de requerimiento, en que los compañeros de Orellana le piden seguir aguas abajo de aquel río hasta encontrar el mar. Que era natural de Galicia es lo único que sabemos por el testimonio del padre Carvajal.

no diestros en aquel oficio, no podían sufrir la carga, y los demás compañeros que no tenían fuerza para cortar madera, sonaban los fuelles y otros acarreaban agua, y el Capitán trabajaba en todo, de manera que todos teníamos en qué entender. Se dio tan buena manera nuestra compañía en este pueblo en la fábrica desta obra, que en veinte días, mediante Dios, se hicieron dos mil clavos muy buenos y otras cosas, y dejó el Capitán la obra del bergantín para donde hallase más oportunidad y mejor aparejo.

Detuvímonos en este pueblo más de lo habíamos de estar, comiendo lo que teníamos, de tal manera que fue parte para que dende en adelante pasásemos muy gran necesidad, y esto fue por ver si por alguna vía o manera podíamos saber nueva del real; y visto que no, el Capitán acordó de dar mil castellanos a seis compañeros si juntarse quisiesen a dar la nueva al gobernador Gonzalo Pizarro, y demás desto les darían dos negros que les ayudasen a remar y algunos indios que le llevasen cartas y le diesen de su parte nueva de lo que pasaba; y entre todos no se fallaron sino tres, porque todos temían la muerte que les estaba cierta, por lo que habían de tardar hasta llegar a donde habían dejado al dicho Gobernador, y que él habría ya dado la vuelta, porque habían andado ciento cincuenta[10] leguas desde que habían dejado al Gobernador en nueve días que habían caminado.

Acabada la obra y visto que la comida se nos agotaba y se nos habían muerto siete compañeros de la hambre pasada, partimos, día de Nuestra Señora la Candelaria: metimos la comida que pudimos, porque ya no era tiempo de estar más en aquel pueblo, lo uno, porque los naturales parecía que se les hacía de mal, y querían dejarlos muy contentos, y lo otro porque no perdiésemos el tiempo y gastásemos la co-

10 Doscientas, dice la copia de Muñoz.

mida sin provecho, porque no sabíamos si la habríamos de menester; y así comenzamos a caminar por esta dicha provincia, y no habíamos andado obra de veinte leguas, cuando se juntó con nuestro río otro por la diestra mano, no muy grande, en el cual río tenía su asiento un principal señor llamado Irrimorrany,[11] y por ser indio y señor de mucha razón y haber venido a ver al Capitán y a le traer de comer, quiso ir a su tierra; pero también fue por cabsa de que venía el río muy recio y con grande avenida; y aquí estuvimos en punto de nos perder, porque al entrar, que entraba este río en el que nosotros navegábamos, peleaba la una agua con la otra y traía mucha madera de un cabo a otro, que era trabajo navegar por él, porque hacía muchos remolinos, y nos traía a un cabo y a otro, pero con harto trabajo salimos deste peligro sin poder tomar el pueblo, y pasamos adelante, donde teníamos nueva de otro pueblo que nos decían que estaba de allí doscientas leguas, porque todo lo demás era desierto, y así las caminamos con mucho trabajo de nuestras personas, padeciendo muchas necesidades y peligros muy notables, entre los cuales nos acaeció un desmán y no pequeña alteración para en el tiempo en que estábamos, y fue que dos canoas en que iban once[12] españoles de los nuestros se perdieron entre unas islas sin saber dónde estábamos ni los poder topar: anduvieron dos días perdidos sin nos poder topar, y nosotros, pensando nunca los cobrar, estábamos con muy gran pasión; pero al cabo deste dicho tiempo fue Nuestro Señor servido que nos topamos, que no fue poca la alegría entre todos; y así estábamos con tanta alegría que nos parecía que todo el trabajo pasado se nos había olvidado. Después de haber un

11 Irimara, dice la copia citada.
12 Doce, según la copia de Muñoz.

día descansado a donde nos topamos, mandó el Capitán que caminásemos.

Otro día, a las diez horas, llegamos a unas poblaciones en las cuales estaban los indios en sus casas, y por no los alborotar no quiso el Capitán que llegásemos allá; y mandó a un compañero que fuese con otros veinte a donde los indios estaban y que no saltasen en sus casas ni saliesen en tierra, sino que con mucho amor les dijesen la gran necesidad en que íbamos, y que nos diesen de comer y que viniesen a hablar al Capitán, que quedaba en medio del río, porque les quería dar de lo que traía y decir la cabsa de su venida. Los indios se estuvieron quedos y se holgaron mucho en ver nuestros compañeros, y les dieron mucha comida de tortugas y papagayos en abundancia, y les dijeron que le dijesen al Capitán que se fuese a aposentar en un pueblo que estaba despoblado de la otra parte del río, y que otro día de mañana le irían a ver. El Capitán holgó mucho con la comida y más con la buena razón de los indios, y así nos fuimos a aposentar y dormimos aquella noche en el ya dicho pueblo, donde no nos faltaron abundancia de mosquitos, que fue cabsa de que otro día de mañana el Capitán se fuese a otro pueblo mayor que parecía más abajo; y llegados, los indios no se pusieron en resistencia, antes estuvieron quedos, y así folgamos tres días, a donde los indios vinieron de paz y nos traer de comer muy largo. Otro día, pasados los tres, salimos deste pueblo y caminamos por nuestro río a vista de buenos pueblos; y yendo así, un domingo de mañana, a una división que el río hacía, que se partía en dos partes, subieron a vernos unos indios en cuatro o cinco canoas que venían cargadas de mucha comida, y se llegaron cerca de donde venía el Capitán y pidieron licencia para llegar porque le querían hablar al dicho Capitán, el cual mandó que llegasen; y así llegaron, le dijeron cómo ellos eran principales y vasallos de Aparia, y que por su mandado venían a nos traer de comer; y comenzaron a sacar de sus canoas muchas perdices como las de nuestra España, sino que son mayores, y muchas tortugas, que son tan grandes como adargas, y otros pescados. El Capitán se lo agradeció y les dio de lo que tenía, y después de se lo haber vendido,[13] los indios quedaron muy contentos de ver el buen tratamiento que se les hacía, y en ver que el Capitán les entendía su lengua, que no fue poco para que nosotros saliésemos a puerto de claridad, que, a no la entender, tuviéramos por dificultosa nuestra salida. Ya que los indios se querían despedir dijeron al Capitán que fuese al pueblo donde residía su principal señor, que, como digo, se llamaba Aparia, y el Capitán les dijo que por cuál de los dos brazos había de ir, y ellos respondieron que ellos nos guiarían, que fuésemos en su seguimiento; y así, a poco rato, vimos las poblaciones donde estaba el dicho señor, y caminando hacia allá el Capitán tornó a preguntar a los indios, que cuyas eran aquellas poblaciones; los indios respondieron que allí estaba el sobredicho su señor, y así comenzaron a irse hacia el pueblo a dar mandado cómo íbamos, y no tardó mucho que vimos salir del dicho pueblo muchos indios a se embarcar en sus canoas, a manera de hombres de guerra, y pareció querernos acometer. El Capitán mandó a sus compañeros, que veían la muestra que los indios hacían, que fuesen a punto con sus armas aparejadas, porque si nos acometiesen no fuesen parte para nos hacer daño; y con mucha orden, remando y a muy gran fuerza, abordamos en tierra, y los indios pareció desviarse. El Capitán saltó en tierra con sus armas, y tras él todos los demás, y desto quedaron los indios muy espantados y se llegaron más a tierra. El Capitán como los entendiese, que,

13 Dado, dice el manuscrito de la Academia.

como dicho tengo, el entender él la lengua fue parte, después de Dios, para no nos quedar en el río, que a no la entender, ni los indios salieran de paz ni nosotros acertáramos en estas poblaciones; mas, como era Nuestro Señor servido que tan gran secreto y descubrimiento se hiciese y viniese a noticia de la Cesárea Majestad, y con tanta dificultad, se descubrió, e que por otra vía ni fuerza ni poderío humano era posible descubrirse sin poner Dios en ello su manó, o sin que pasasen muchos siglos y años.

Después que el Capitán llamó los indios les dijo que no tuviesen temor, que saltasen en tierra, y ellos así lo hicieron, que se llegaron junto a tierra, mostrando en su semblante que se holgaban de nuestra venida; y saltó el señor en tierra, y con él muchos principales y señores que le acompañaban, y pidió licencia al Capitán para se asentar, y así se asentó, y toda su gente en pie, e mandó sacar de sus canoas mucha cantidad de comida, así de tortugas como de manatís[14]

14 Dos son las especies de tortugas que pueblan las aguas del Amazonas: la *Podocnemis expansa*, llamada vulgarmente charupa, y la *Podocnemis tracaxa*, mucho más pequeña que la anterior y conocida por eso con el nombre vulgar de charapilla. Al decir el padre Carvajal «manatís y otros pescados» incurre en el error de suponer que aquellos animales, por el hecho de vivir en el agua, pertenecían al orden de los peces. Los «manatís» del Amazonas son mamíferos, y se les conoce vulgarmente con el nombre de vacas marinas. Las hay de dos especies, que los naturalistas distinguen con las designaciones de *Manatus americanus*, y M. Latirostris.
El padre Acosta no podía aceptar sin escrúpulo que el manatí no fuese un animal, especialmente un viernes en que se lo sirvieron como pescado. Léase lo que a este respecto escribía en el capítulo XIII del libro tercero de su *Historia natural y moral de las Indias*: «En las islas que llaman de Barlovento, que son Cuba, la Española, Puerto Rico y Jamaica, se halla el que llaman manatí, extraño género de pescado, si pescado se puede llamar animal que pare vivos sus hijos y tiene tetas y leche con que los cría y pace hierba en el campo; pero, en efecto, habita de ordinario en el agua, y por eso le comen por pescado,

y otros pescados, y perdices y gatos y monos asados. Viendo el Capitán el buen comedimiento del señor, le hizo un razonamiento dándole a entender cómo éramos cristianos y adorábamos un solo Dios, el cual era Criador de todas las cosas criadas, y que no éramos como ellos que andaban errados adorando en piedras y bultos hechos; y sobre este caso les dijo otras muchas cosas, y también les dijo cómo éramos criados y vasallos del Emperador de los cristianos, gran rey de España, que se llamaba Don Carlos nuestro señor, cuyo es el imperio de todas las Indias y otros muchos señoríos y reinos que hay en el mundo, y que por su mandado íbamos a aquella tierra, y que le íbamos a dar razón de lo que habíamos visto en ella; y estaban muy atentos y con mucha atención escuchando lo que el Capitán les decía, y le dijeron que si íbamos a ver los amurianos, que en su lengua los llaman coniupuyara, que quiere decir grandes señoras, que mirásemos lo que hacíamos, que éramos pocos y ellas muchas, que nos matarían; que no estuviésemos en su tierra, que allí nos darían todo lo que hubiésemos menester. El Capitán les dijo que no podía hacer otra cosa sino pasar de largo para dar razón a quien le enviaba, que era su rey y señor; y después que el Capitán habló, y que parecía que los oyentes quedaban muy contentos, aquel principal señor preguntó que quién era aquél, y queriéndose mejor informar de lo que se le decía, por ver si el Capitán discrepaba de lo dicho, el cual le

---

aunque yo, cuando en Santo Domingo lo comí un viernes, cuasi tenía escrúpulo, no tanto por lo dicho, como porque en el color y sabor no parecía sino tajadas de ternera, y en parte de pernil, las postas de este pescado; es grande como una vaca».

Es digna de leerse la elegante descripción que López de Gomara hace del manatí, y la romántica historia que refiere de uno domesticado que poseía un indio del Amazonas (*Historia de las Indias*, pág. 174, edic. Ribadeneira).

respondió lo mesmo que le había dado a entender, y le dijo más, que éramos hijos del Sol y que íbamos a aquel río, como ya le había dicho. Desto se espantaron mucho los indios y mostraron mucha alegría, teniéndonos por santos o personas celestiales, porque ellos adoran y tienen por su Dios al Sol, que ellos llaman Chise. Luego dijeron al Capitán que ellos eran suyos y que le querían servir, y que mirase de qué tenía necesidad él y sus compañeros, que él se lo daría muy de su voluntad. El Capitán se lo agradeció mucho y mandó luego dar muchas cosas, y a los demás principales, y quedaron tan contentos que dende en adelante ninguna cosa el Capitán les pedía que luego no se la daban; y se levantaban todos en pie, y dijeron al Capitán que se aposentase en el pueblo, que ellos se lo dejarían desembarazado, y que se querían ir a sus casas y que cada día vendrían a traernos de comer. El Capitán les mandó que viniesen todos los señores a verle, porque quería darles de lo que tenía. El señor dijo que otro día vendrían, y así vinieron todos con muy grande abundancia de comida, y fueron bien recebidos y tratados por el Capitán, y a todos juntos les tornó a hablar lo que primero había dicho al principal señor, y tomó posesión en nombre de Su Majestad en todos; y los señores eran veinte y seis, y en señal de posesión mandó poner una cruz muy alta, con la cual los indios se holgaron, y dende en adelante cada día los indios venían a traernos de comer y hablar con el Capitán, que desto se holgaban ellos mucho.

Visto por el Capitán el buen aparejo y disposición de la tierra y la buena voluntad de los indios, mandó juntar a todos sus compañeros y les dijo que pues había allí buen aparejo y voluntad en los indios, que sería bien hacer un bergantín, y así se puso por obra; y se falló entre nosotros un entallador llamado Diego Mexía,[15] el cual, aunque no era su oficio, dio orden cómo se había de hacer; y luego el Capitán mandó repartir por todos los compañeros que cada uno trajese una cuaderna y dos estamenas, y a otros que trajesen la quilla, y a otros las rodas, y a otros que aserrasen tablas, de manera que todos tenían bien en qué se ocupar, no sin poco trabajo de sus personas, porque como era invierno y la madera estaba muy lejos, cada cual tomaba su hacha y iba al monte y cortaba lo que le cabía y lo acarreaba a cuestas, y mientras unos acarreaban otros les hacían espaldas porque los indios no les hiciesen mal, y desta manera en siete días se cortó toda la maderaje para el dicho bergantín; y acabada esta tarea luego fue dada otra, que fue que mandó hacer carbón para hacer más clavos y otras cosas. Era cosa maravillosa de ver con cuánta alegría trabajaban nuestros compañeros y acarreaban el carbón, y así se proveyó todo lo demás necesario. No había hombre entre todos nosotros que fuese acostumbrado a semejantes oficios; pero, no obstante todas estas dificultades, Nuestro Señor daba a todos ingenio para lo que se había de hacer, pues que era para salvar las vidas, porque de allí saliéramos con el barco y canoas, dando como dimos después en gente de guerra, ni nos pudiéramos defender ni salir del río en salvamento; y así pareció claramente que Dios inspiró en el Capitán para que en este pueblo que he dicho se hiciese el bergantín, porque adelante era imposible, y éste se falló muy a propósito, porque los indios no faltaron de siempre nos traer de comer muy abundantemente de la manera que el Capitán se los pedía. Diose tanta priesa en esta obra del bergantín que en treinta y cinco días se labró y se echó al agua calefeteado con algodón e betunado con pez, lo cual

15 Diego Mexía, entallador según el padre Carvajal, carpintero al decir de Oviedo, que ignoró su nombre, era natural de Sevilla.

todos los indios traían porque el Capitán se los pedía. No fue poco el alegría de nuestros compañeros por haber acabado aquello que tanto deseaban. Había tantos mosquitos en este pueblo que no nos podíamos valer de día ni de noche, sin que los unos a los otros no sabíamos qué hacernos,[16] que con la buena posada no sentíamos el trabajo y con el deseo que teníamos de ver el fin de nuestra jornada. En este medio tiempo, estando en esta obra, vinieron cuatro indios a ver al Capitán, los cuales llegaron, y eran de estatura que cada uno era más alto un palmo que el más alto cristiano, y eran muy blancos y tenían muy buenos cabellos que les llegaban a la cintura, muy enjoyados de oro y ropa; y traían mucha comida; y llegaron con tanta humildad que todos quedarnos espantados de sus disposiciones y buena crianza: sacaron mucha comida y la pusieron delante del Capitán, y le dijeron cómo ellos eran vasallos de un señor muy grande, y que por su mandado venían a ver quién éramos o qué queríamos o dónde íbamos; y el Capitán les recibió muy bien, y primero que los hablase, les mandó dar muchas joyas, que ellos tuvieron en mucho y se holgaron. El Capitán les dijo todo lo que había dicho al señor Aparia, de lo cual los indios quedaron no poco espantados; y los indios dijeron al Capitán que ellos se querían ir a dar respuesta a su señor, que les diese licencia. El Capitán se las dio y que se fuesen en hora buena y les dio muchas cosas que diesen a su principal señor, y que le dijesen que el Capitán le rogaba mucho le viniese a ver, porque se holgaría mucho con él; y ellos dijeron que así lo harían, y se fueron y nunca más supimos nuevas de dónde eran ni de qué tierra habían venido.

Posamos en este mismo asiento, toda la cuaresma, donde se confesaron todos los compañeros con dos religiosos que

16 Nos amosqueásemos, según el manuscrito citado.

allí estábamos, y yo prediqué todos los domingos y fiestas el Mandato, la Pasión, y Resurrección, lo mejor que nuestro Redentor me quiso dar a entender con su gracia, y procuré de ayudar, y esforzar lo que yo pude a la perseveración de su buen ánimo a todos aquellos hermanos y compañeros, acordándoles que eran cristianos y que servirían mucho a Dios y al Emperador en proseguir la empresa y comportar con paciencia los trabajos presentes y por venir hasta salir con este nuevo descubrimiento, demás de ser esto lo que a sus vidas y honras tocaba; así que en este propósito dije lo que me parecía cumpliendo con mi oficio, y también porque me iba la vida en el buen suceso de nuestra peregrinación. También prediqué el domingo de Cuasimodo, y puedo testificar con verdad que, así el Capitán como todos los demás compañeros, tenían tanta clemencia y espíritu y santidad de devoción en Jesucristo y su sagrada fe, que bien mostró Nuestro Señor que era su voluntad de nos socorrer. El Capitán me rogaba que predicase y todos entendiesen en sus devociones con mucho fervor, como personas que lo habían muy bien menester de pedir a Dios misericordia. Se adobó también el barco pequeño, porque venía ya podrido, y así, todo muy bien aderezado y puesto a punto, el Capitán mandó que todos estuviesen aparejados y hiciesen matalotaje, porque con ayuda de Nuestro Señor quería partirse el lunes adelante. Una cosa nos aconteció en este pueblo de no poco espanto, y fue que miércoles de Tiniebla y Jueves Santo y Viernes de la Cruz nos hicieron los indios ayunar por fuerza, porque no nos trajeron de comer hasta el sábado víspera de Pascua, y el Capitán les dijo que por qué no nos habían traído de comer, y ellos dijeron que porque no lo habían podido tomar; y así el sábado y domingo de Pascua y domingo de Cuasimodo fue tanta la comida que trajeron, que la echábamos en el campo. Y porque todo fuese como convenía, y con toda orden, fizo alférez a un hidalgo muy suficiente para el oficio, llamado Alonso de Robles,[17] el cual, después que llegamos a tierra de guerra, el Capitán le mandaba saltar con algunos compañeros a recoger comida para todos, y el Capitán quedaba a guardar los bergantines, los cuales eran en este viaje todo nuestro bien y amparo después de Dios, porque los indios no deseaban otra cosa sino quitárnoslos.

Partimos del asiento y pueblo de Aparia con el nuevo bergantín, el cual fue de diez y nueve Joas,[18] bastante para navegar por la mar, víspera del Evangelista San Marcos, a veinte y cuatro de Abril del año sobredicho, que vinimos por las poblaciones de aquel señorío de Aparia, las cuales duraron más de ochenta leguas, sin fallar indio de guerra, antes el Cacique vino a hablar y traer de comer al Capitán y a nosotros, y holgamos en un pueblo suyo el sobredicho día de San Marcos, a donde el mismo señor vino a traernos muy largo

17 Alonso de Robles fue natural de Don Benito. Hombre de la confianza de Orellana, mereció ser elegido por éste alférez de la jornada.

18 En la obra de Antonio de Herrera, y sin duda por error de imprenta, se lee «goa».
Joa o jova: «es un crecimiento que se les da a los maderos de cuenta en las puntas altas que hacen el costado. Arte para fabricar, fortificar y aparejar naos de Berra y merchantes», por Thomé Cano, Sevilla, 1611, 4.°
En la Ley XXII, título XXVIII del libro IX de las Indias, que contiene las reglas para la fábrica de navíos, se establece que para un barco de nueve codos de manga, o sea de 80 toneladas tres cuartos, ha de tener «de jova medio codo a proa, repartido en tantas partes iguales cuantas fueren las orengas que llevase desde la segunda orenga a proa: y la mitad repartida en las orengas que hubiese desde la sexta a proa».
Confesamos que, sin duda por falta de pericia en el arte náutica, después de esta definición y reglas no podemos atinar con lo que el padre Carvajal ha querido decir al hablar de las diecinueve joas que tenía el bergantín de Orellana.

de comer y el Capitán lo recibió muy bien, y no le hizo mal tratamiento porque el intento y deseo del Capitán era, porque si posible fuese, quedase aquella tierra y gente bárbara en buen respecto por haberla conocido y sin descontentamiento alguno, porque desto sería servido Dios Nuestro Señor y el Rey nuestro señor, porque adelante, cuando a Su Majestad pluguiera, con más facilidad nuestra sagrada república y fe cristiana y la bandera de Castilla se aumentase y la tierra se fallase más doméstica para pacificalla y ponella debajo de la obediencia de su real servicio, como conviniese, porque junto con hacerse esto con buen tiento y caridad, era asimismo para conservar lo necesario el buen tratamiento que se hiciese a los indios para poder pasar adelante y que no se usase el remedio de las armas sino cuando no se pudiese excusar la defensión propia. En esta cabsa, aunque fallamos los pueblos despoblados, viendo el buen tratamiento que se les hacía, en toda la sobredicha provincia nos proveyeron de mantenimientos. Desde a pocos días cesaron los indios y en esto conocimos que estábamos, fuera del señorío, y población de aquel gran señor Aparia; e temiendo el Capitán lo que podía venir a causa del poco mantenimiento, mandó caminar los bergantines con más priesa de la acostumbrada.

Un día por la mañana que habíamos partido de un pueblo salieron a nosotros dos indios en una canoa y llegaron cerca del bergantín donde iba el Capitán y entraron dentro, y el más viejo de ellos, pensando el Capitán que sabía la tierra y que nos podía llevar el río abajo, mandó que se quedara dentro, y el otro envió a su casa, y comenzamos a seguir nuestro río abajo, el cual el indio no sabía ni había navegado, a causa de lo cual el Capitán mandó soltar y dar una canoa en que se volviese a su tierra. De allí adelante pasamos más trabajo y más hambre y despoblados que de antes, porque el río venía de monte a monte y no hallábamos a dónde dormir, ni menos se podía tomar ningún pescado, así que nos era necesario comer nuestro acostumbrado manjar, que era hierbas y de cuando en cuando un poco de maíz tostado. Viniendo caminando con nuestro acostumbrado trabajo y mucha hambre, un día a mediodía llegamos a un asiento alto que pareció haber sido poblado y tener alguna disposición para buscar alguna comida o pescado, y fue aqueste día de San Juan *Ante-portam-latinam*, que era seis de Mayo, y allí se sugirió un caso que yo no le osara escribir si no tuviera tantos testigos que a ello se hallaron presentes; y fue que un compañero ya nombrado, que es el que dio orden en el bergantín,[19] tiró a una ave con una ballesta, que estaba en un árbol junto al río, y saltó la nuez de la caja y cayó en el río, y estando en ninguna confianza de cobrar la nuez, otro compañero llamado Contreras[20] echó un anzuelo en el río con una vara y sacó un pescado de cinco palmos, y como era grande y el anzuelo pequeño, fue menester sacarlo con maña, y, abierto, dentro del buche se halló la nuez de la ballesta, y así se reparó que no fue después poco menester, porque, después de Dios, las ballestas nos dieron las vidas.

Cumplidos doce días de Mayo llegamos a las provincias de Machiparo, que es muy gran señor y de mucha gente y confina con otro señor tan grande, llamado Omaga, y son amigos que se juntan para dar guerra a otros señores que están la tierra adentro, que les vienen cada día a echar de sus casas. Este Machiparo está asentado sobre el mismo río en una loma, y tiene muchas y muy grandes poblaciones que juntan de pelea cincuenta mil hombres de edad de treinta años hasta setenta,

19 El compañero que dio orden en el bergantín fue, como se recordará, el sevillano Diego Mexía.

20 El nombre de este Contreras era Gabriel. Oviedo le llama por equivocación Blas.

porque los mozos no salen a la guerra ni en cuantas batallas nosotros con ellos tuvimos no les vimos, sino fueron viejos, y éstos muy dispuestos, y tienen bozos y no barbas.

Antes que llegásemos a este pueblo con dos leguas vimos estar blanqueando los pueblos, y no habíamos andado mucho cuando vimos venir por el río arriba muy gran cantidad de canoas, todas puestas a punto de guerra, lucidas, y con sus paveces, que son de conchas de lagartos y de cueros de manatís y de dantas, tan altos como un hombre, porque todos los cubren. Traían muy gran grita, tocando muchos atambores y trompetas de palo, amenazándonos que nos habían de comer. Luego el Capitán mandó que los dos bergantines se juntasen porque el uno al otro se favoreciese, y que todos tomasen sus armas y mirasen lo que tenían delante y viesen la necesidad que tenían de defender sus personas y pelear por salir a buen puerto, y que todos se encomendasen a Dios, que Él nos ayudaría en aquella necesidad grande en que estábamos; y en este medio tiempo los indios se venían acercando, hechos sus escuadrones, para nos tomar en medio, y así venían tan ordenadamente y con tanta soberbia, que parecía que ya nos tenían en las manos. Nuestros compañeros estaban todos en tanto ánimo que les parecía que no bastaba para cada uno cuatro[21] indios, y así llegaron los indios hasta que nos comenzaron a ofender. Luego el Capitán mandó que aparejasen los arcabuces y ballestas. Aquí nos aconteció un desmán no pequeño para el tiempo en que estábamos, que fue el que los arcabuceros hallaron húmeda la pólvora, a cabsa de lo cual no aprovecharon nada, y fue necesario que la falta de los arcabuces supliesen las ballestas; y así, comenzaron nuestros ballesteros a hacer algún daño en los enemigos, porque estaban cerca y nosotros temerosos; y visto [por] los

21 Mil, dice la copia de nuestra referencia.

indios que tanto daño se les hacía, comenzaron a detenerse, no mostrando punto de cobardía, antes parecía que les crecía el ánimo, y siempre les venía mucha gente de socorro, y todas las veces que les venían nos comenzaban a acometer tan osadamente que parecía que querían tomar a mano los bergantines. Desta manera fuimos peleando hasta llegar al pueblo, donde había muy gran cantidad de gente puesta sobre las barrancas en defensa de sus casas. Aquí tuvimos una batalla peligrosa, porque como había muchos indios por el agua y por la tierra y de todas partes nos daban cruda guerra; así fue necesario, aunque con riesgo al parecer de todas nuestras personas, acometimos y tomamos el primer puesto a donde los indios no dejaban de saltar en tierra a nuestros compañeros, porque la defendían muy animosamente; y si no fuera por las ballestas, que aquí hicieron señalados tiros, por donde pareció ser bien providencia divina lo de la nuez de la ballesta, no se ganara el puerto; y así, con esta ayuda ya dicha sabordaron los bergantines en tierra y saltaron al agua la mitad de nuestros compañeros y dieron en los indios de tal manera que los hicieron huir, y la otra mitad quedó en los bergantines defendiéndolos de la otra gente que andaba en el agua, que no dejaban, aunque estaba ganada la tierra, de pelear, y aunque se les hacía daño con las ballestas, no por eso dejaban de seguir su mal propósito. Ganado el principio de la población, el Capitán mandó al Alférez que con veinte y cinco hombres corriesen la población y echasen los indios de ella y mirasen si había comida, porque pensaba de descansar en el sobredicho pueblo cinco o seis días para nos reformar del trabajo pasado; y así, fue el Alférez y corrió media legua por el pueblo adelante, y esto no sin trabajo, porque aunque los indios se retraían, se iban defendiendo como hombres que les pesaba de salir de sus casas; y como los indios, cuando no salen de su intención al principio, siempre huyen hasta la segunda instancia a volver en sí, iban, como digo, huyendo; y visto por el dicho Alférez la mucha población y gente, acordó de no pasar adelante, sino dar la vuelta y decir al Capitán lo que pasaba, y así volvió sin que los indios le hiciesen mal, y llegado al principio de la población, halló que el Capitán estaba aposentado en las casas y todavía le daban guerra por el agua, y le dijo todo lo que pasaba y cómo había gran cantidad de comida, así de tortugas en corrales y alberques de agua, y mucha carne y pescado y bizcocho, y esto en tanta abundancia que había para comer un real de mil hombres un año; y visto por el Capitán el buen puerto, acordó de recoger comida para descansar, como dicho tengo, y para esto mandó llamar a Cristóbal Maldonado[22] y le dijo que tomase una docena de compañeros y fuese a coger toda la comida que pudiese; y así fue, y cuando llegó halló que los indios andaban por el pueblo sacando la comida que tenían. El dicho Cristóbal Maldonado trabajó de recoger la comida, y teniendo recogidas más de mil tortugas, revuelven los indios y de segunda vez venía ya mucha cantidad de gente y muy determinados[23] de los matar y pasar adelante a dar a donde estábamos con el Capitán; y visto por el dicho Cristóbal Maldonado la revuelta de los indios, llamó a sus compañeros y los acometió, y aquí se detuvieron mucho, porque los indios eran más de dos mil y los compañeros que estaban con Cristóbal Maldonado no eran más de diez y tuvieron bien que hacer para se defender. Al cabo se dio tan buena maña que se desbarataron, y vuelven a coger la comida, y desta segunda pelea venían ya dos compañeros heridos; y como la tierra era muy poblada y de cada día los indios se reformaban

22 De Segovia, según el citado manuscrito.
23 Aquí entra una nueva laguna en el referido manuscrito.

y rehacían, tornan a revolver sobre el dicho Cristóbal Maldonado, tan denodadamente, que quisieron y pusieron por obra de tomar a manos a todos, y desta arremetida hirieron seis compañeros muy mal, unos pasados brazos y otros piernas, y al dicho Cristóbal Maldonado pasaron un brazo y le dieron un varazo en el rostro. Aquí se vieron en muy gran aprieto y necesidad, porque los compañeros, como estaban heridos y muy cansados [roto] no podían ir atrás ni adelante, y así pensaron todos de ser muertos, y decían que se volviesen a donde estaba su Capitán, y el dicho Cristóbal Maldonado les dijo que no pensasen en tal cosa, porque él no pensaba de volver a donde estaba su Capitán quedando los indios con victoria; y así recogió de los compañeros los que estaban para pelear, y se puso en defensa, y peleó tan animosamente que fue parte para que los indios no matasen a todos nuestros compañeros.

En este tiempo los indios habían venido por la parte arriba a dar por dos partes a donde estaba nuestro Capitán, y que como estábamos todos cansados de mucho pelear y descuidados, pensando que teníamos las espaldas seguras por andar Cristóbal Maldonado fuera, pareció que Nuestro Señor alumbró al Capitán para que enviase al sobredicho, que a no le enviar, o no se hallar donde se halló, tengo por cierto que correríamos mucho riesgo de las vidas; y, como digo, nuestro Capitán y todos estábamos descuidados y desarmados, de tal manera que los indios tuvieron lugar de entrar en el pueblo a dar en nosotros sin que fuesen sentidos, y cuando se sintieron andaban entre nosotros y tenían derribados cuatro de nuestros compañeros muy mal heridos; y en este tiempo los vio un compañero nuestro llamado Cristóbal de Aguilar,[24] el

24 Cristóbal de Aguilar fue hijo del licenciado Marcos de Aguilar y de una india, «en quien lo hobo en esta isla Española, asegura Oviedo, e valiente mancebo por su persona e hombre de bien». Contaba entonces de veintisiete a veintiocho años de edad, y había andado ya

cual se puso delante, peleando muy animosamente, dando alarma, la cual oyó nuestro Capitán, el cual salió a ver lo que era, desarmado, con una espada en la mano y vio que tenían los indios cercadas las casas donde estaban nuestros compañeros; y demás desto estaba en la plaza un escuadrón de más de quinientos indios. El Capitán comenzó a dar voces, y así salieron nuestros compañeros tras el Capitán y acometieron al escuadrón con tanto denuedo, que los desbarataron, haciendo daño en los indios, pero no dejaron de pelear y defender de manera que hirieron nueve compañeros de malas feridas, y al cabo de dos horas que andábamos peleando, los indios fueron vencidos y desbaratados y los nuestros muy cansados. En este encuentro se señalaron muchos de nuestros compañeros, que antes no habían visto para lo que eran y no los teníamos en tanto, porque todos mostraron bien la necesidad en que estábamos, porque hubo hombre que con una daga se metió en medio de los enemigos y peleó tan bien que todos nos espantamos, y salió con un muslo atravesado. Este se llama Blas de Medina.[25]

Después de pasado esto, envió el Capitán a saber qué era de Cristóbal Maldonado y cómo le iba, al cual toparon en el camino, que venía ya donde estaba el Capitán, él e todos heridos; y un compañero que se llamaba Pedro de Ampudia,[26]

«en las armadas de la guerra que se han fecho en la tierra del Perú»; y con Benalcázar en la conquista de Popayán y provincias de Lile.

25 Blas de Medina era natural de Medina del Campo, donde nació en 1519. Se había hallado en el Perú desde hacía siete u ocho años «descubriendo e poblando tierras nuevas», y con Benalcázar en las provincias de Quito y en la conquista de Popayán y en los posteriores alzamientos de los naturales de sus vecindades, y en la fundación de la villa de Timaná.

26 Ampudia o Empudia.- El padre Carvajal, como se ve, le llama Pedro, y asegura que era natural de Ciudad Rodrigo. Fernández de Oviedo le da por nombre Juan, y por patria a Empudia. De su firma que se

que se halló con él, dende ha ocho días murió de las heridas; era natural de Ciudad Rodrigo.

Llegado el dicho Cristóbal Maldonado donde estaba el Capitán, aquí mandó el Capitán que los heridos se curasen, que eran diez y ocho, y no había otra cura sino cierto ensalmo,[27] y con ayuda de Nuestro Señor, dentro de quince días todos estaban sanos, excepto el que murió. Estando en esto, vinieron a decir al Capitán cómo los indios revolvían y que estaban junto a nosotros en un paso aguardando a se rehacer; y para que los echasen de allí mandó el Capitán a un caballero llamado Cristóbal Enríquez[28] que fuese allá con quince hombres, el cual fue, y en llegando, a un arcabucero

ve al pie de uno de los documentos, no puede deducirse el nombre, porque no lo puso.

¿Quién está en la verdad? Ya que el padre Carvajal trató a Empudia diariamente durante varios meses, debemos preferir su testimonio al del cronista de Indias, que no llegó a conocerle, por haber muerto durante el viaje, el 20 de mayo de 1542.

Por real cédula de 31 de enero de 1539 se despachó título de regidor de la ciudad de Popayán a Juan de Empudia, a condición de presentarlo en el Cabildo dentro del plazo de quince meses; y por otra de la misma fecha se mandó al lugarteniente de la provincia de Quito que no se le quitasen los indios que tenía encomendados sin ser antes vencido por fuero y por derecho en forma. Archivo de Indias, 109-7-1.

Es posible que Oviedo haya confundido a este Empudia con el otro, si bien tuvo noticia de que había muerto en el Amazonas a manos de los indios.

27 «Y no había otra cura sino cierto ensalmo»... Prescindiendo de la falta de medicinas con que se hallaban los expedicionarios, es lo cierto que entonces, y aun mucho después, fue muy usado este sistema de curar en América, que contribuyó bastante a fomentar la superstición de indios y negros. Son muchos los reos que por esta causa hubieron de procesar los tribunales del Santo Oficio en Lima, México y Cartagena de Indias.

28 Cristóbal Enríquez.- Oviedo le llama equivocadamente Francisco, y en otras ocasiones le designa con el apellido de Manrique. Fue natural de Cáceres y comendador no sabemos de qué orden. Nacido

que llevaba le pasaron una pierna; de manera que perdimos un arcabucero, porque dende en adelante no nos pudimos aprovechar de él. Luego el dicho Cristóbal Enríquez envió a saber al Capitán lo que pasaba y que le enviase más gente, porque los indios eran muchos y cada hora se reformaban; y el Capitán envió luego a mandar al dicho Cristóbal Enríquez[29] que, no mostrando que se retraía, se viniese poco a poco donde estaban, porque no estaban en tiempo de poner en riesgo la vida de un español ni convenía, ni tampoco él y sus compañeros iban a conquistar la tierra ni su intención lo era, sino, pues Dios les había traído por este río abajo, descubrir la tierra para que en su tiempo y cuando la voluntad de Dios Nuestro Señor y de Su Majestad fuese la enviase a conquistar. Y así, aquel día, después de recogida la gente, el Capitán les habló refiriéndoles los trabajos pasados y esforzándolos para en los de porvenir, encargándoles que evitasen los acontecimientos de los indios por los peligros que se podían seguir; y se determinó de seguir todavía el río abajo, y comenzó a embarcar comida, y después de embarcada, mandó el Capitán que los heridos se embarcasen, y los que no podían ir por su pie mandó que los envolviesen en unas mantas y los tomasen otros a cuestas, como que llevaban carga de maíz, porque no embarcasen cojeando y en verlo los indios cobraran tanto ánimo que no nos dejaran embarcar; y después desto hecho, estando los bergantines a punto y desamarrados y los remos en las manos, bajó el Capitán con mucha orden con los compañeros y se embarcaron, y se hizo al largo del río, y no estaría un tiro de piedra cuando vienen más de cuatrocientos[30] indios por el agua y por

en 1514, había pasado a Indias hacía solo tres años cuando salió de Quito don Gonzalo Pizarro.

29 Hasta aquí llega la laguna referida.

30 Diez mil, según la otra versión.

la tierra, y como los de la tierra no se podían aprovechar de nosotros, no servían sino de dar voces y gritos; y los del agua no dejaban de acometer, como hombres qué estaban lastimados, con mucha furia; pero nuestros compañeros con las ballestas [y] arcabuces defendían tan bien los bergantines que hacían tener afuera aquella mala gente. Esto sería a puesta: del Sol, y desta manera, acometiéndonos de rato en rato, siguiéndonos toda la noche, que un momento no nos dejaban reparar, porque nos llevaban antecogidos. Así fuimos fasta que fue el día, que nos vimos en medio de muchas y muy grandes poblaciones, donde siempre salían indios de refresco y se quedaban los que iban cansados. A hora de medio día, que ya nuestros compañeros no podían remar, íbamos quebrantados de la mala noche y guerra que los indios nos habían dado. El Capitán, porque la gente tomase un poco de descanso y comiese, mandó que nos metiésemos en una isla despoblada que estaba en medio del río, y en comenzando a guisar de comer, allí vinieron mucha cantidad de canoas y nos acometieron tres veces, de tal manera que nos pusieron en grande aprieto. Visto por los indios que por el agua no nos podían desbaratar, acordaron de nos acometer por tierra y agua, porque, como había muchos indios, había para todo. El Capitán, viendo lo que los indios ordenaban, acordó de no los esperar en tierra, y así se embarcó y se hizo al largo del río, porque allí se pensaba mejor defender, y así comenzamos de caminar y no nos dejando de seguir y dar muchos combates los indios, porque destas poblaciones se habían ya juntado muchos indios[31] y por tierra no tenían cuenta la gente que parecía. Andaban entre esta gente y canoas de guerra cuatro o cinco hechiceros, todos encalados y las bocas llenas

31 Variante: más de ciento y treinta canoas, en que había más de ocho mil indios.

de ceniza, que echaban al aire, en las manos unos guisopos, con los cuales andaban echando agua por el río a manera de hechizos, y después que habían dado una vuelta a nuestros bergantines de la manera dicha, llamaban a la gente de guerra, y luego comenzaban a tocar sus cornetas y trompetas de palo y atambores y con muy gran grita nos acometían; pero, como dicho tengo, los arcabuces y ballestas, después de Dios, eran nuestro amparo; y así nos llevaron desta manera fasta nos acometer en una angostura en un brazo del río. Aquí nos pusieron en muy gran aprieto, e tanto; que no sé si quedara alguno de nosotros, porque nos tenían echada una celada en tierra, y desde allí nos abarcaban. Los del agua se determinaron de barrer con nosotros, e yendo ya muy determinados de lo hacer, estando ya muy juntos, venía delante el Capitán general señalándose muy como hombre, al cual un compañero de los nuestros, llamado Celis,[32] tuvo ojo en él y le tiró con un arcabuz y le dio por la mitad de los pechos; que lo mató; y luego su gente desmayó y acudieron todos a ver a su señor, y en este medio tiempo tuvimos lugar de salir a lo ancho del río; pero todavía nos siguieron dos días y dos noches sin nos dejar reposar, que tanto tardamos en salir de la población deste gran señor llamado Machiparo, que al parecer de todos duró más de ochenta leguas, que era toda una lengua, estas todas pobladas, que no había de poblado a poblado un tiro de ballesta, y el que más lejos no estaría media legua, y hubo pueblo que duró cinco leguas sin restañar casa de casa, que era cosa maravillosa de ver: como íbamos de pasada e huyendo no tuvimos lugar de saber qué es lo que había en la tierra adentro; pero, según la disposición y parecer de ella, debe ser la más poblada que se ha visto, y así nos lo decían los indios

32 Se llamaba Hernán Gutiérrez de Celis, y era natural de Celis, en las Montañas.

de la provincia de Aparia, que había un grandísimo señor la tierra adentro hacia el Sur, que se llamaba Ica, y que éste tenía muy gran riqueza de oro y plata; y esta noticia traíamos muy buena y cierta.

Desta manera y con este trabajo salimos de la provincia y gran señorío de Machiparo y llegamos a otro no menor, que era el comienzo de Oniguayal,[33] y al principio y entrada de su tierra estaba un pueblo de manera de guarnición, no muy grande, en un alto sobre el río, a donde había mucha gente de guerra; y viendo el Capitán que ni él ni sus compañeros no podían soportar el mucho trabajo, que no solamente era la tierra, mas, juntamente con ella, era hambre, que los indios, aunque teníamos que comer no nos dejaban por la demasiada guerra que nos daban, acordó de tomar el dicho pueblo, y así mandó enderezar los bergantines hacia el puerto, y los indios, visto que les querían tomar el pueblo, acordaron de se poner en toda resistencia; y así fue que, llegando junto al puerto, los indios comenzaron a despender de su almacén, de tal manera que nos hacían detener; y visto el Capitán la defensión de los indios, mandó que a muy gran priesa jugasen las ballestas y arcabuces, y remasen para zabordar en tierra; y desta manera hicieron lugar y fueron parte para que los bergantines zabordasen a nuestros compañeros y saltasen en tierra, y pelearon después en tierra de tal manera que hicieron huir a los indios, y así quedó el pueblo por nosotros con la comida que tenía. Este pueblo estaba fuerte, y por estar tal, dijo el Capitán que quería reposar allí tres o cuatro días y hacer algún matalotaje para adelante, y así holgamos desta manera y con este propósito, aunque no sin falta de guerra, y tan peligrosa, que en un día a las diez horas allegó muy gran cantidad de canoas a tomar y desamarrar los bergantines

33 Variante: Omaguci.

que estaban en el puerto, y a no proveer el Capitán de ballesteros que con brevedad saltasen dentro, creemos que no fuéramos parte a los defender; y así, con la ayuda de Nuestro Señor y con la buena maña y ventura de nuestros ballesteros, se hizo algún daño en los indios, que tuvieron por bien de hacer afuera y volver a sus casas; así quedamos descansando, dándonos buena posada, comiendo a discreción, y estuvimos tres días en este pueblo. Había muchos caminos que entraban la tierra adentro muy reales, de cabsa de lo cual el Capitán se temía y mandó que nos aparejásemos, porque no quería estar más allí, porque podía ser de la estada recebir daño.

Dicho esto por el Capitán, todos comenzaron a se aderezar para se partir cuando les fuese mandado. Habíamos andado desde que salimos de Aparia a este dicho pueblo trescientas cuarenta leguas, en que las doscientas fueron sin ningún poblado: fallamos en este pueblo muy gran cantidad de bizcocho muy bueno, que los indios hacen de maíz y de ayuca, y mucha fruta de todos géneros.

Volviendo a la historia, digo que el domingo después de la Ascensión de Nuestro Señor salimos deste dicho pueblo y comenzamos a caminar, y no hubimos andado obra de dos leguas cuando vimos entrar por el río otro río muy poderoso y más grande a la diestra mano: tanto era de grande que a la entrada hacía tres islas, de cabsa de las cuales le pusimos el río de la Trinidad; y en estas juntas de uno y de otro había muchas y muy grandes poblaciones y muy linda tierra y muy fructífera: esto era ya en el señorío y tierra de Omagua, y por ser los pueblos tantos y tan grandes y haber tanta gente no quiso el Capitán tomar puerto, y así pasamos todo aquel día por poblado con alguna guerra, porque por el agua nos la daban tan cruda que nos hacían ir por medio del río; y muchas veces los indios se ponían a platicar con nosotros, y como no los entendíamos, no sabíamos lo que nos decían. A horas de vísperas allegamos a un pueblo que estaba sobre una barranca, y por nos parecer pequeño mandó el Capitán que lo tomásemos, y porque también porque tenía en sí tan buena vista que parecía ser recreación de algún señor de la tierra de adentro; y así enderezamos a lo tomar y los indios se defendieron más de una hora, pero, al cabo fueron vencidos e nosotros señoreados del pueblo, donde fallamos muy gran cantidad de comida, de la cual nos proveímos. En este pueblo estaba una casa de placer dentro de la cual había mucha loza de diversas hechuras, así de tinajas como de cántaros muy grandes de más de veinte y cinco arrobas, y otras vasijas pequeñas tomó platos y escudillas y candeleros desta loza de la mejor que se ha visto en el mundo, porque la de Málaga no se iguala con ella, porque es toda vidriada y esmaltada, de todas colores y tan vivas que espantan, y demás desto los dibujos y pinturas que en ellas hacen son tan compasados que naturalmente labran y dibujan todo como lo romano; y allí nos dijeron los indios que todo lo que en esta casa había de barro lo había en la tierra adentro de oro y plata, y que ellos nos llevarían allá, que era cerca; y en esta casa se hallaron dos ídolos tejidos de pluma[34] de diversa manera, que ponían espanto, y eran de estatura de gigante y tenían en los brazos metidos en los molledos unas ruedas a manera de arandelas, y lo mismo tenían en las pantorrillas junto a las rodillas: tenían las orejas oradadas y muy grandes, a manera de los indios del Cuzco[35] y mayores. Esta generación de gentes reside en la tierra adentro y es la que posee la riqueza

34 Palma, según el otro manuscrito.

35 «Después de andar trasquilados, traían las orejas horadadas por donde comúnmente las horadan las mujeres para los zarcillos; empero hacían crecer el horadado con artificio en extraña grandeza, increíble a quien no la hubiese visto... Y porque los indios las traían de la

ya dicha, y por memoria los tienen allí: y también se halló en este pueblo oro y plata; pero como nuestra intención no era sino de buscar de comer y procurar cómo salvásemos las vidas y diésemos noticia de tan grande cosa, no curábamos ni se nos daba nada por ninguna riqueza.

Deste pueblo salían muchos caminos y muy reales por la tierra adentro: el Capitán quiso saber a dónde iban, y para aquesto tomó consigo a Cristóbal Maldonado[36] y al alférez y a otros compañeros, y comenzó a entrar por ellos, y no había andado media legua cuando los caminos eran más reales y mayores; y visto el Capitán esto, acordó de se volver, porque vido que no era su cordura pasar adelante; y así volvió donde estaban los bergantines, y cuando llegó se ponía ya el Sol y el Capitán dijo a sus compañeros que convenía partir luego de allí, porque no convenía en tierra tan, poblada dormir noche, y que luego se embarcasen todos: y así fue que, metida la comida y todos dentro de los bergantines, comenzamos a caminar ya que era noche, y toda ella fuimos pasando muchos y muy grandes pueblos, fasta que vino el día, que habíamos andado más de veinte leguas, que por huir de lo poblado no hacían nuestros compañeros sino remar, y mientras más andábamos más poblada y mejor hallábamos la tierra, y así íbamos siempre desviados de tierra por no dar lugar a que los indios saliesen a nosotros.

Fuimos caminando por esta tierra y señorío de Omagua más de cien leguas, al cabo de las cuales allegamos a otra tierra de otro señor llamado Paguana, el cual tiene mucha gente y muy doméstica, porque llegamos al principio de su poblado a un pueblo que tendría más de dos leguas de largo, a donde los indios nos esperaron en sus casas sin hacer mal

manera que hemos dicho, les llamaban orejones los españoles», Garcilaso de la Vega, *Primera parte de los Comentarios Reales*, pág. 26.

36 De Segovia, según la otra versión.

ni daño, antes nos daban de lo que tenían. Deste pueblo iban muchos caminos la tierra adentro, porque el señor no reside sobre el río, y nos dijeron los indios que fuésemos allá, que se holgaría mucho con nosotros. En esta tierra este señor tiene muchas ovejas de las del Perú[37] y es muy rico de plata, según todos los indios nos decían, y la tierra es muy alegre y vistosa y muy abundosa de todas comidas y frutas, como son piñas y peras, que en lengua de la Nueva España se llaman aguacates, y ciruelas y guanas y otras muchas y muy buenas frutas.

Salimos de esta población y fuimos caminando siempre por muy gran poblado, que hubo día que pasamos más de veinte pueblos, y esto por la banda donde nosotros íbamos, porque la otra no la podíamos ver por ser el río grande; y así, íbamos dos días por la banda diestra, y después atravesábamos e íbamos otros dos días por la mano siniestra; que mientras víamos lo uno, no víamos lo otro.

El lunes de Pascua de Espíritu Santo por la mañana pasamos a vista y junto a un pueblo muy grande y muy vicioso, y tenía muchos barrios, y en cada barrio un desembarcadero al río, y en cada desembarcadero había muy gran copia de indios, y este pueblo duraba más de dos leguas y media, que siempre fue de la manera dicha; y por ser tantos los indios de aquel pueblo, mandó el Capitán que nos pasásemos adelante sin les hacer mal y sin les acometer; pero ellos, visto que nos pasábamos sin les hacer mal, se embarcaron en sus canoas y nos acometieron, pero con su daño, que las ballestas y arcabuces los hicieron volver a sus casas, y nos dejaron ir nuestro

37 La llama (Auchenia lama), muy abundante en las altiplanicies de Bolivia y Perú, y que hasta hoy se usa como bestia de carga. El poseer muchas de estas ovejas o carneros de la tierra, como las llamaban los antiguos cronistas, era peculiar en ciertas regiones a solo «los hombres de cuenta y poderosos». Véanse nuestros *Aborígenes de Chile*, págs. 181 y siguientes.

río abajo. Este mismo día tomamos un pueblo pequeño, donde fallamos comida, y aquí se nos acabó la provincia del ya dicho señor llamado Paguana, y entramos en otra provincia muy más belicosa y de mucha gente y que nos daba mucha guerra: desta provincia no supimos cómo se llamaba el señor de ella, pero es una gente mediana de cuerpo, muy bien tratada, y tiene sus paveces de palo y defienden sus personas muy como hombres.

Sábado, víspera de la Santísima Trinidad, el Capitán mandó tomar puerto en un pueblo donde los indios se pusieron en defensa; pero, a pesar de ello, los echamos de sus casas, y aquí nos proveímos de comida y aun se fallaron algunas gallinas. Este mismo día, saliendo de allí, prosiguiendo nuestro viaje, vimos una boca de otro río grande a la mano siniestra, que entraba en el que nosotros navegábamos, el agua del cual era negra como tinta, y por esto le pusimos el nombre de Río Negro, el cual corría tanto y con tanta ferocidad, que en más de veinte leguas hacía raya en la otra agua, sin revolver la una con la otra. Este mismo día vimos otros pueblos no muy grandes. Otro día siguiente de la Trinidad holgó el Capitán y todos en unas pesquerías de un pueblo que estaba en una loma, donde se halló mucho pescado, que fue socorro y gran recreación para nuestros españoles, por que había días que no habían tenido tal posada. Este pueblo estaba en una loma apartado del río como en frontera de otras gentes que les daban guerra, porque estaba fortificado de una muralla de maderos gruesos, y al tiempo que nuestros compañeros subieron a este pueblo para tomar comida, los indios lo quisieron defender y se hicieron fuertes dentro de aquella cerca, la cual tenía no más que una puerta, y se comenzaron a defender con muy gran ánimo; mas, como nos víamos en necesidad, determinamos de acometerlos, y así, en esta determinación, se acometió por la dicha puerta, y entrando dentro sin ningún riesgo, dieron en los indios y pelearon con ellos hasta los desbaratar, y luego recogieron comida, que había en cantidad.

El lunes adelante partimos de allí pasando siempre por muy grandes poblaciones y provincias, proveyéndonos de comida lo mejor que podíamos cuando nos faltaba. Este día tomamos puerto en un pueblo mediano, donde la gente nos esperó. En este pueblo estaba una plaza muy grande, y en medio de la plaza estaba un tablón grande de diez pies en cuadro, figurada y labrada de relieve una ciudad murada con cerca y con una puerta. En esta puerta estaban dos torres muy altas de cabo con sus ventanas, y cada torre tenía una puerta frontera la una de la otra, y en cada puerta estaban dos columnas, y toda esta obra ya dicha estaba cargada sobre dos leones muy feroces que miraban hacia atrás, como recatados el uno de el otro, los cuales tenían en los brazos y uñas toda la obra, en medio de la cual había una plaza redonda: en medio desta plaza estaba un agujero por donde ofrecían y echaban chicha para el Sol, que es el vino que ellos beben, y el Sol es en quien ellos adoran y tienen por su dios. En fin, el edificio era cosa mucho de ver, y el Capitán, y todos nosotros espantados de tan gran cosa, preguntó a un indio que aquí se tomó qué era aquello o por qué memoria tenían aquello en la plaza, y el indio dijo que ellos eran sujetos y tributarios a las Amazonas, y que no las servían de otra cosa sino de plumas de guacamayos y papagayos para forros de los techos de las casas de sus adoratorios, y que los pueblos que ellos tenían eran de aquella manera, y que por memoria lo tenían allí, y que adoraban en ello como en cosa que era insignia de su señora, que es la que manda toda la tierra de las dichas mujeres. Se halló también en esta misma plaza una casa no muy pequeña, dentro de la cual había muchas vestiduras de plumas de diversos colores, las cuales vestían los indios para celebrar sus fiestas y bailar cuando se querían regocijar delante deste tablón ya dicho, y allí ofrecían sus sacrificios con su dañada intención.

Salimos luego deste pueblo y dimos luego en otro muy grande que tenía el mismo tablón y divisa que es dicha: este pueblo se defendió mucho, y por espacio de más de una hora no nos dejaron saltar en tierra; pero al cabo hubimos de saltar, y como los indios eran muchos y cada hora crecían[38] no se querían rendir; pero visto el daño que se les hacía acordaron de huir,[39] y entonces tuvimos lugar, aunque no mucho, para buscar alguna comida, porque ya los indios se revolvían sobre nosotros; pero nuestro Capitán no quiso que aguardásemos, pues que no podíamos ganar nada en la mercaduría, y así mandó que nos embarcásemos e nos fuésemos, y así fue.

Partidos de aquí, pasamos por otros dos pueblos donde los indios nos atendían de guerra, como gente[40] belicosa con sus armas y paveces en las manos, dándonos grita, diciendo que por qué huíamos,[41] que allí nos estaban aguardando; pero el Capitán no quería acometer donde vía que no podíamos ganar honra, especial llevando alguna comida, y cuando ésta había, en cualquier parte aventuraba su persona y la de los compañeros; y así en algunas partes, ellos desde tierra y nosotros desde el agua, nos dábamos guerra; pero como los indios eran muchos hacían pared y nuestros arcabuces y ballestas les hacían daño, y así pasábamos adelante, dejándoles la información ya dicha.

38 Se rehacían.
39 Pero al fin, de temor, acordaron de huir.
40 Que querían defender sus canoas y paveces...
41 Que por qué no íbamos a donde ellos estaban...

Miércoles, víspera de Corpus Christi, siete días de Junio, el Capitán mandó tomar puerto en una población pequeña que estaba sobre el dicho río, y así se tomó sin resistencia, donde hallamos mucha comida, en especial pescado, que desto se halló tanto y en abundancia que pudiéramos cargar bien nuestros bergantines, y éste tenían los indios a secar para llevar, dentro a la tierra a vender; y viendo todos los compañeros que el pueblo era pequeño, rogaron al Capitán que holgase allí, pues era víspera de tan gran fiesta. El Capitán, como hombre que sabía las cosas de los indios, dijo que no hablasen en tal cosa porque no lo pensaba hacer, que aunque el pueblo les parecía pequeño, tenía gran comarca de donde le podían venir a favorecer y hacer daño en nosotros, sino que nos fuésemos como solíamos hacer y irnos a dormir a las montañas; y nuestros compañeros se lo tornaron a pedir por merced que holgase allí. El Capitán, visto que todos lo pedían, aunque contra su voluntad, concedió en lo que pedían, y así estuvimos en este pueblo holgando hasta la hora en que el Sol se ponía, que los indios venían a ver sus casas, porque cuando saltamos no había sino mujeres, porque los indios eran idos a entender en sus granjerías; y así, siendo hora, se volvían; y como hallaran sus casas en poder de quien no conocían, quedaron muy espantados y comenzaron a decir que nos saliésemos de ellas; y juntamente con decir esto acuerdan y ponen por obra de nos acometer, y así lo hicieron; pero al tiempo que ellos entraban por el real, se hallaron delante de los indios cuatro o cinco compañeros, los cuales pelearon tan bien que fueron parte para que los indios no se atreviesen a entrar donde estaba nuestra gente, y así los hicieron huir, y cuando el Capitán salió no había qué hacer. Esto era ya de noche, y sospechando el Capitán lo que podía ser, mandó que las velas se doblasen y todos durmiesen armados, y así se hizo; pero a media noche, a hora que la Luna salía, revuelven los indios en muy gran cantidad sobre nosotros y dan por tres partes a nuestro real: cuando fueron sentidos tenían heridas las velas y andaban entre nosotros, y como dieron al arma salió el capitán dando voces diciendo: «Vergüenza, vergüenza, caballeros, que son nadie; a ellos»; y así nuestros compañeros se levantaron y con muy gran furia acometieron aquella gente, que, aunque era de noche, fueron desbaratados porque no podían sufrir a nuestros compañeros, y así huyeron. El Capitán, pensando que habían de revolver, mandó echarles una celada por donde habían de venir, y los demás no durmiesen, y mandó que los heridos se curasen, y yo los curé, porque el Capitán andaba de una parte a otra dando orden a lo que convenía para salvación de nuestras vidas, que en esto siempre se desvelaba; y a no ser tan sabio en las cosas de la guerra, que parecía que Nuestro Señor le administraba en lo que debía hacer, muchas veces nos mataran: y desta manera estuvimos toda la noche, y venido el día mandó el Capitán que nos embarcásemos y nos fuésemos, y mandó que ciertas piezas que allí se habían tomado que se ahorcasen, y así fue; y esto porque los indios de adelante nos cobrasen temor y no nos acometiesen. Nosotros embarcamos, y hechos a lo largo del río, llegaban al pueblo muchos indios a dar en nosotros, y también por el agua venían muchas canoas; pero ya, como íbamos a lo largo, no tuvieron lugar de poner por obra su mala intención.

Este día nos metimos en un monte y holgamos el siguiente, y otro día proseguimos nuestro viaje, y no habíamos andado cuatro leguas cuando vimos por la mano diestra entrar un muy grande y poderoso río, tanto que era mayor que el que nosotros llevábamos, y por ser tan grande le pusimos el Río Grande; y pasamos adelante, y a la mano siniestra vimos estar unas poblaciones muy grandes sobre una loma que llegaba al río, y por las ver mandó el Capitán que enderezásemos hacia allá, y fuimos, y visto por los indios que íbamos hacia allá, acordaron, según pareció, de no se mostrar, sino estarse en celada, pensando que saltaríamos en tierra, y para esto tenían limpios los caminos que bajaban al río. El Capitán y algunos compañeros conocieron la ruindad que tenían armada, y mandó que nos fuésemos de largo; y los indios, visto que nos pasábamos de largo, se levantan más de cinco mil indios con sus armas, y empiezan a darnos grita y a desafiarnos y a dar con las armas unas en otras, y con esto hacían tan gran ruido que parecía hundirse el río. Pasamos adelante, y, obra de media legua, dimos en otro mayor pueblo, pero aquí nos hicimos a largo del río. Es esta tierra templada y de muy buena disposición: no supimos su trato, porque no nos dieron lugar a ello; y aquí se acabó esta generación, y dimos en otra que nos fatigó poco. Pasamos adelante, y siempre por poblado, y una mañana a hora de las ocho vimos sobre un alto una hermosa población, que al parecer debía de ser cabeza de algún gran señor, y por la ver quisiéramos, aunque con riesgo, llegar allá; pero no fue posible porque tenía una isla delante, y cuando quisimos entrar habíamos dejado la entrada arriba: y desta cabsa pasamos a vista de ella mirándola. En este pueblo había siete picotas [que] nosotros vimos que estaban en trechos por el pueblo, y en las picotas clavadas muchas cabezas de muertos, a cuya cabsa le pusimos a esta provincia por nombre la Provincia de las Picotas, que duraba por el río abajo setenta[42] leguas. Bajaban deste pueblo al río caminos hechos a manos, y de una parte y de otra sembrados árboles de fruta, por donde parecía ser gran señor el desta tierra.

42 Veinte leguas, según el manuscrito de Muñoz.

Pasamos adelante y otro día dimos en otro pueblo del mismo arte, y como tuviésemos necesidad de comida, nos fue forzado acometerle, y los indios se escondieron por que saltásemos en tierra, y así saltaron nuestros compañeros, y visto los indios que ya estaban en tierra, salen de su celada con muy gran furia. Venía delante el Capitán o señor de ellos animándolos con muy gran grita. Un ballestero de los nuestros tuvo ojo en este señor y le tiró y le mató; y visto los indios aquello, acordaron de no esperar, sino huir, y otros hacerse fuertes dentro de sus casas, y de ellas se defendían y peleaban como perros dañados. Visto el Capitán que no se querían rendir y que nos habían hecho daño y herido algunos de nuestros compañeros, mandó poner fuego a las casas donde estaban los indios, y así salieron de ellas y huyeron y hubo lugar de recoger comida, que en este pueblo, loado Nuestro Señor, no faltó, porque había muchas tortugas de las ya dichas y muchos pavos y papagayos y muy gran abundancia, pues pan y maíz de esto no se describe; y salimos de aquí y luego nos fuimos a una isla a descansar y gozar de lo que habíamos tomado. Se tomó en este pueblo una india de mucha razón, y dijo que cerca de aquí y la tierra adentro estaban muchos cristianos como nosotros y los tenía un señor que los había traído el río abajo; y nos dijo que entre ellos había dos mujeres blancas, y que otros tenían indias y hijos en ellas: éstos son los que se perdieron de Diego de Ordas, a lo que se cree, por las señas que daban, que era a la banda del Norte.[43]

43 A principios de 1531 salió Diego de Ordaz de Sevilla, y habiendo llegado al río Marañón, con intento de comenzar por allí sus descubrimientos, hubo de abandonar el proyecto por las calmas, corrientes y bajíos en que se vio. En consecuencia, hizo fuerza de velas, a fin de salir pronto de aquella parte, y pasó adelante para dar comienzo a su jornada por otro lugar menos peligroso; mas, Juan Cornejo, su teniente general, aun que hombre cursado en la mar, no logró el mis-

mo éxito, encalló su navío, con pérdida de algunos hombres, «y aunque muchos quisieron decir, refiere el cronista Antonio de Herrera, que se habían conservado en tierra, también se perdieron entre los indios», *Década* IV, lib. X, cap. IX.
Véanse los términos en que Juan de Castellanos, en sus *Elegías de varones ilustres de Indias*, describe el naufragio de los compañeros de Ordaz, y la muy sensata opinión que emite acerca del ningún fundamento con que debían acogerse semejantes aserciones.
Después de referir que Ordaz había cruzado sin novedad la desembocadura del Marañón, continúa así:

El Ordaz escapó con buen consejo
Y fue donde llevaba los intentos,
Mas no pudo salir el Joan Cornejo
Con otros que pasaban de trescientos.
[...]
Muy juntos a la tierra naufragaron
Sin dalles sinsabor reventazones,
Y ansí dicen que todos escaparon
Y entraron por jamás vistas regiones,
Hasta que descubrieron y toparon
Grandes y poderosas poblaciones,
A donde se hallaron y han valido
Multiplicando siempre su partido.

Esta nueva vendían por muy cierta
Muchos que yo traté y he conocido;
Mas, es una ficción clara y abierta
Y cuento para mí desvanecido,
Pues si tal gente ya no fuera muerta
Hubieran a cual parte respondido:
Ansí que no será juicio ciego
Decir que perecieron todos luego.

(*Elegía* IX, Canto I)

Más difícil se hace creer que estos españoles de que tuvo noticia Orellana fuesen de la expedición de Alonso de Herrera, como lo insinúa el cronista que acabamos de citar. Verificada en 1535, fue dirigida a las regiones que se extienden al norte del Amazonas.

Caminamos nuestro río abajo sin tomar pueblo, porque llevábamos de comer, y al cabo de algunos días salidos desta provincia, a la salida de la cual estaba una muy gran población, por donde la india nos dijo dónde habíamos de ir a don de estaban los cristianos; pero como nosotros no éramos parte, acordamos de pasar adelante, que para los sacar de donde estaban su tiempo vendrá.

Deste pueblo salieron dos indios de una canoa y llegaron al bergantín donde venía nuestro Capitán, sin armas, y llegaron a reconocer y estuvieron mirando; y por mucho que nuestro Capitán los llamó que entrasen dentro y les daban muchas cosas, nunca quisieron, antes, señalando la tierra adentro, se volvieron.

Dormimos esta noche fronteros deste pueblo, dentro en nuestros bergantines, y venido el día y comenzando a caminar, sale del pueblo mucha gente, y se embarcan y vienen a nos acometer al medio río, por donde nosotros íbamos. Estos indios tienen ya flechas, y con ellas pelean. Tomamos nuestro camino sin los esperar; fuimos caminando tomando comida donde veíamos que no la podían defender, y al cabo de cuatro o cinco días fuimos a tomar un pueblo donde los indios no se defendieron. Aquí se halló mucho maíz (asimismo se halló mucha avena), de lo que los indios hacen pan, y muy buen vino a manera de cerveza, y ésta hay en mucha abundancia. Se halló en este pueblo una bodega deste vino, que no se holgaron poco nuestros compañeros, y se halló muy buena ropa de algodón. Se halló también en este pueblo un adoratorio dentro del cual había muchas divisas de armas para la guerra colgadas, y sobre todas en lo alto estaban dos mitras muy bien a lo naturalmente fechas, como las de los obispos: eran tejidas y no sabemos de qué, porque ello no era algodón ni lana, y tenían muchos colores.

Pasamos adelante deste pueblo y fuimos a dormir a la otra banda del río, como era nuestra costumbre, al monte, y allí vinieron muchos indios a darnos guerra por el agua, pero a mal de su grado dieron vuelta. Martes a 22 días de Junio vimos mucha población a la banda siniestra del río, porque estaban blanqueando las casas, que íbamos por medio del río: quisimos ir allá, pero no pudimos por cabsa de la mucha corriente y las olas más trabajosas y más que en el mar andaban.

Miércoles siguiente tomamos un pueblo que estaba en medio de un arroyo pequeño en un muy gran llano de más de cuatro leguas. Tenía este pueblo su asiento todo en una calle, y una plaza en medio, las casas de una parte y otra, y hallamos mucha comida; y este pueblo, por estar de la manera ya dicha, le llamamos el pueblo de la Calle.

Jueves siguiente pasamos por otros pueblos medianos, y no curamos de parar allí. Todos estos pueblos son estancias de pescadores de la tierra dentro. Desta manera íbamos caminando buscando un apacible asiento para festejar y regocijar la fiesta del bienaventurado San Juan Bautista, precursor de Cristo, y quiso Dios que en doblando una punta que el río hacía, vimos en la costa adelante muchos y muy grandes pueblos que estaban blanqueando. Aquí dimos de golpe en la buena tierra y señorío de las Amazonas. Estos pueblos ya dichos estaban avisados y sabían de nuestra ida, de cuya cabsa nos salieron a recibir al camino por el agua, con buena intención, y como llegaron cerca del Capitán, quisiera traerlos de paz, y así los comenzó a hablar y llamar; pero ellos se rieron y hacían burla de nosotros e se nos acercaban y decían que anduviésemos y que allí abajo nos aguardaban, y que allí nos habían de tomar a todos y llevar a las Amazonas. El Capitán, enojado de la soberbia de los indios, mandó que les tirasen con las ballestas y arcabuces, por que pensasen y supiesen que teníamos con qué los ofender; y así, se les hizo daño y dan la vuelta hacia el pueblo a dar la nueva de lo que habían visto: nosotros no dejamos de caminar y acercar a los pueblos; y antes que allegásemos con más de media legua, había por la lengua del agua a trechos muchos escuadrones de indios, y como nosotros íbamos andando, ellos se iban juntando y acercando a sus poblaciones. Estaba en medio deste pueblo muy gran copia de gente, hecho un buen escuadrón, y el Capitán mandó que fuesen los bergantines a zabordar donde se estaba aquella gente para buscar comida, y así fue que, en comenzándonos a llegar a tierra, los indios comienzan a defender su pueblo y nos flechar, y como la gente era mucha parecía que llovían flechas; pero nuestros arcabuceros y ballesteros no estaban ociosos, porque no hacían sino tirar, y aunque mataban muchos, no lo sentían, porque con todo el daño que se les hacía andaban unos peleando y otros bailando: y aquí estuvimos en muy poco de nos perder todos, porque como había tantas flechas nuestros compañeros tenían harto que hacer en se amparar de ellas sin poder remar, de cabsa de lo cual nos hicieron [tanto] daño que antes que saltásemos en tierra nos hirieron a cinco, de los cuales yo fui el uno; que me dieron con una flecha en una ijada que me llegó a lo hueco, y si no fuera por los hábitos allí me quedara. Visto el peligro en que estábamos, comienza el Capitán a animar y a dar priesa a los de los remos que zabordasen, y así, aunque con trabajo, llegamos a zabordar y nuestros compañeros se echaron al agua, que les daba a los pechos: aquí fue una muy gran y peligrosa batalla, porque los indios andaban mezclados con nuestros españoles que se defendían tan animosamente, que era cosa maravillosa de ver. Se anduvo en esta pelea más de una hora, que los indios no perdían ánimo, antes parecía que se les doblaba, aunque veían muchos de los suyos muertos, y pasaban por encima de ellos, y no hacían sino retraerse y tornar a volver. Quiero que sepan cuál fue la cabsa por que estos indios se defendían de tal manera. Han de saber que ellos son sujetos y tributarios de las Amazonas, y sabida nuestra venida, les van a pedir socorro y vinieron hasta diez o doce, que éstas vimos nosotros, que andaban peleando delante de todos los indios como capitanas,[44] y peleaban ellas tan animosamente que los indios no osaban volver las espaldas, y al que las volvía delante de nosotros le mataban a palos, y esta es la cabsa por donde los indios se defendían tanto. Estas mujeres son muy blancas y altas, y tienen muy largo el cabello y entrenzado y revuelto a la cabeza, y son muy membrudas y andan desnudas en cueros tapadas sus vergüenzas, con sus arcos y flechas en las manos, haciendo tanta guerra como diez indios; y en verdad que hubo mujer de éstas que metió un palmo de flecha por uno de los bergantines, y otras que menos, que parecían nuestros bergantines puerco espín.

Tornando nuestro propósito y pelea, fue Nuestro Señor servido de dar fuerza y ánimo a nuestros compañeros, que mataron siete u ocho, que éstas vimos, de las Amazonas, a cabsa de lo cual los indios desmayaron y fueron vencidos y desbaratados con harto daño de sus personas; y porque venía de los otros pueblos mucha gente de socorro y se habían de revolver, porque ya se tornaban [a] apellidar, mandó el Capitán que a muy gran priesa se embarcase la gente, porque no quería poner a risco la vida de todos, y así se embarcaron no sin zozobra, porque ya los indios empezaban a pelear, y

44 Recuérdese lo que dice Toribio Medina en la *Introducción*, al tratar de las Amazonas. (Cap. IV, pág. XLV).

más que por el agua venía mucha flota de canoas, y así nos hicimos a lo largo del río y dejamos la tierra.

Tenemos andadas de donde salimos y dejamos a Gonzalo Pizarro mil y cuatrocientas[45] leguas, antes de más que de menos, y no sabemos lo que falta de aquí a la mar. En este pueblo ya dicho se tomó un indio trompeta que andaba entre la gente, que era de edad de fasta treinta años, el cual en tomándole comenzó a decir al Capitán muchas cosas de la tierra adentro y le llevó consigo.

Hechos, como dicho tengo, a lo largo del río, nos dejamos ir al garete sin remar, porque nuestros compañeros estaban tan cansados que no tenían fuerzas para tener los remos; y yendo por el río, que habíamos andado fasta un tiro de ballesta, descubrimos un pueblo no pequeño en el cual no parecía gente, de cuya cabsa todos los compañeros pidieron al Capitán que fuese allá, que tomaríamos alguna comida, pues en el pasado pueblo no nos la habían dejado tomar. El Capitán les dijo que no quería, que aunque a ellos les parecía que no había gente, de allí nos habíamos más de guardar que más que donde claramente la veíamos; y así nos tornamos a juntar, y yo juntamente con todos los compañeros se lo pedimos de merced, y aunque éramos pasados del pueblo, el Capitán, concediendo su voluntad, mandó volver los bergantines al pueblo, y como íbamos costeando la tierra, los indios en celada escondidos entre las arboledas, repartidos por sus escuadrones y estando por nos tomar en celada, y así, yendo junto a tierra, tuvieron lugar de nos acometer, y así comenzaron a flechar tan bravamente que los unos a los otros no nos veíamos; mas, como nuestros españoles iban apercibidos desde Machiparo de buenos paveces, como ya hemos dicho, no nos hicieron tanto daño cuanto nos hicieran

45 Mil y cuatro leguas.

si no viniéramos apercibidos de la tal defensa; y de todos en este pueblo no hirieron sino a mí, que me dieron un flechazo por un ojo que pasó la flecha a la otra parte, de la cual herida he perdido el ojo y no estoy sin fatiga y falta de dolor, puesto que Nuestro Señor, sin yo merecerlo, me ha querida otorgar la vida para que me enmiende y le sirva mejor que fasta aquí; y en este medio tiempo habían ya saltado en tierra los españoles que venían en el barco pequeño, y como los indios eran tantos, los tenían cercados, que si no fuera porque el Capitán los socorrió con el bergantín grande, se perdían y se los llevaban los indios; y así lo hicieran todavía antes de que llegase el Capitán, si no se dieran tan buena maña de pelear con tanto ánimo; pero ya estaban tan cansados y puestos en muy gran aprieto. El Capitán los recogió, y como me vido herido mandó embarcar la gente; y así se embarcaron, porque la gente era mucha y estaba muy encarnizada, que no la podían sufrir nuestros compañeros, y el Capitán temía perder alguno de ellos y no los quería poner en tal aventura porque bien sabía y traslucía la necesidad que había de tener de su ayuda, según la tierra era poblada, y convenía conservar la vida de todos, porque no distaba un pueblo de otro distancia de media legua, y menos en toda aquella banda del río de la mano diestra, que es la banda del sur; y más digo, que la tierra adentro, a dos leguas, y más, y a menos, parecían muy grandes ciudades que estaban blanqueando, y demás de esto la tierra es tan buena, tan fértil y tan natural como la de Nuestra España, porque nosotros entramos en ella por San Juan y ya comenzaban los indios a quemar los campos. Es tierra templada, a donde se cogerá mucho trigo y se darán todos frutales: demás desto es aparejada para criar todo ganado, porque en ella hay muchas yerbas como en nuestra España, como es orégano y cardos de unos pintados y a rayas y otras muchas yerbas muy buenas; los montes desta tierra son encinales y alcornocales que llevan bellotas, porque nosotros los vimos, y robledales; la tierra es alta y hace lomas, todas de sabanas, la hierba no más alta de hasta la rodilla y hay mucha caza de todos géneros.

Volviendo a nuestro camino, el Capitán mandó que nos saliésemos a medio del río por huir de lo poblado, que era tanto que ponía grima. Llamamos a esta provincia la provincia de San Juan, porque en su día habíamos entrado en ella, y yo había predicado por la mañana viniendo por el río por alabanza de tan glorioso precursor de Cristo, y tengo por averiguado que por su intercesión me otorgó Dios la vida.

Salidos a medio río, los indios por el agua fueron a nuestro seguimiento, porque el Capitán mandó atravesar hacia una isla que estaba despoblada, y fasta ser noche no nos dejaron los indios; y así nosotros llegamos a la isla a más de diez horas de la noche, a donde el Capitán mandó que no saltásemos a la tierra porque podría ser los indios dar sobre nosotros; y así, pasamos la noche en nuestros bergantines, y venida la mañana el Capitán mandó que caminásemos con mucha orden fasta salir de esta provincia de San Juan, que tiene más de ciento cincuenta leguas de costa, pobladas de la manera dicha. Y otro día, veinticinco de Junio, pasamos por entre unas islas que pensamos que estuvieran despobladas, pero después que nos hallamos en medio de ellas fueron tantas las poblaciones que en las dichas islas parecían y vimos, que nos pesó; y como nos vieran, salieron a nosotros al río sobre doscientas piraguas, que cada una trae veinte y treinta indios, y de ellas cuarenta, y destas hubo muchas: venían muy lucidas con diversas divisas y traían muchas trompetas y atambores, y órganos que tañen con la boca, y arrabeles que tienen a tres cuerdas; y venían con tanto estruendo y grita y con tanta orden, que estábamos espantados. Nos cercaron entrambos bergantines y nos acometieron como hombres que nos pensaban llevar; mas, les salió al revés, que nuestros arcabuceros y ballesteros les pusieron tales, como eran muchos, que se holgaron de tenerse afuera; pues en tierra era cosa maravillosa de ver los escuadrones que estaban en los pueblos, tañendo y bailando todos con unas palmas en las manos, mostrando muy gran alegría en ver que nos pasábamos de sus pueblos. Estas islas son altas, aunque no mucho, y de tierra rasa, muy fértiles al parecer, y tan alegres de vista, que aunque nosotros íbamos trabajados no dejábamos de nos alegrar. Esta isla, que es la mayor, la fuimos costeando: tendrá en largo seis leguas,[46] que está en el medio río; el ancho no lo sabremos decir: y siempre los indios nos fueron siguiendo hasta nos echar desta provincia de San Juan, que, como digo, tiene ciento cincuenta leguas, todas las cuales pasamos con mucho trabajo de hambre, dejando aparte la guerra, porque, como era muy poblada, no hubo lugar de saltar en tierra. Toda esta isla fueron siempre las dichas piraguas y canoas en nuestro seguimiento, acometiéndonos cuando se les antojaba; pero como gustaban la fruta de nuestros tiros, nos iban acompañado a trechos. Al cabo desta isla estaba mucho más poblado, de donde salieron de refresco muchas más piraguas a nos acometer: aquí el Capitán, viéndose en tan gran aprieto y deseando la paz con esta gente, por ver si pudiéramos tomar algún rato de descanso, acordó de hablar y requerir a los indios con la paz, y para traerlos a ella mandó echar en una calabaza cierto rescate y arrojarlo al agua, y los indios lo tomaron, pero lo tuvieron en tan poco que hacían burla de ello; pero por eso no nos dejaron de seguir hasta nos echar de sus pueblos, que, como dicho habemos, eran muchos.

46 Cincuenta leguas, según la copia citada.

Esta noche llegamos a dormir ya fuera de todo lo poblado a un robledal que estaba en un gran llano junto al río, donde no nos faltaron temerosas sospechas, porque vinieron indios a nos expiar, y la tierra adentro había mucho poblado y caminos que entraban a ella, de cuya cabsa el Capitán y todos estábamos en vela aguardando lo que nos podía venir.

En este asiento el Capitán tomó al indio que se había tomado arriba, porque ya le entendía por un vocabulario que había fecho, y le preguntó de dónde era natural: el indio dijo que de aquel pueblo donde le habían tomado; el Capitán le dijo que cómo se llamaba el señor desa tierra, y el indio le respondió que le llamaba Couynco,[47] y que era gran señor y se señoreaba hasta donde estábamos, que, como dicho tengo, había ciento cincuenta leguas. El Capitán le preguntó qué mujeres eran aquellas [que] habían venido a les ayudar y darnos guerra: el indio dijo que eran unas mujeres que residían la tierra adentro siete[48] jornadas de la costa, y que por ser este señor Couynco sujeto a ellas habían venido a guardar la costa. El Capitán le preguntó si estas mujeres eran casadas: el indio dijo que no. El Capitán le preguntó que de qué manera viven: el indio respondió que, como dicho tiene, estaban la tierra adentro, y que él había estado muchas veces allá y había visto su trato y vivienda, que como su vasallo iba a llevar el tributo cuando el señor lo enviaba. El Capitán preguntó si estas mujeres eran muchas: el indio dijo que sí, y que él sabía por nombre setenta pueblos, y los contó delante de los que allí estábamos, y que en algunos había estado. El Capitán le dijo que si estos pueblos eran de paja: el indio dijo que no, sino de piedra y con sus puertas, y que de un pueblo a otro iban caminos cercados de una parte y de otra y a trechos

47 Quenyuc.
48 Cuatro o cinco.

por ellos puestos guardas porque no pueda entrar nadie sin que pague derechos.[49] El Capitán le preguntó si estas mujeres parían: el indio dijo que sí. El Capitán le dijo que cómo no siendo casadas, ni residía hombre en ellas, se empreñaban: él dijo que estas indias participan con indios en tiempos, y cuando les viene aquella gana juntan mucha copia de gente de guerra y van a dar guerra a un muy gran señor que reside y tiene su tierra junto a la destas mujeres, y por fuerza los traen a sus tierras y tienen consigo aquel tiempo que se les antoja, y después que se hallan preñadas los tornan a enviar a su tierra sin les hacer otro mal; y después, cuando viene el tiempo en que han de parir, que si paren hijo le matan y le envían a sus padres, y si hija, la crían con muy gran solemnidad y la imponen en las cosas de la guerra. Dijo más, que entre todas estas mujeres hay una señora que subjeta y tiene todas las demás debajo de su mano y jurisdicción, la cual señora se llama Coñori. Dijo que hay muy grandísima riqueza de oro y plata, y que todas las señoras principales y de manera no es otro su servicio sino oro o plata, y las demás mujeres plebeyas se sirven en vasijas de palo, excepto lo que llega al fuego, que es barro. Dijo que en la cabecera y principal ciudad en donde reside la señora hay cinco casas muy grandes que son adoratorios y casas dedicadas al Sol, las cuales ellas llaman Caranain, y en estas casas por de dentro están del suelo hasta medio estado en alto planchadas de gruesos techos aforrados de pinturas de diversos colores, y que en estas casas tienen muchos ídolos de oro y de plata en figura de mujeres, y mucha cantería de oro y de plata para el servicio del Sol; y andan vestidas de ropa de lana muy fina,

49 En este trozo hay notable variación, en la forma, aunque el fondo es, más o menos, el mismo. En general, desde aquí en adelante se notan muchas discrepancias en la redacción de ambos manuscritos.

porque en esta tierra hay muchas ovejas de las del Perú:[50] su traje es unas mantas ceñidas desde los pechos hasta abajo, encima echadas, y otras como manto abrochadas por delante con unos cordones; traen el cabello tendido en su tierra y puestas en la cabeza unas coronas de oro tan anchas como dos dedos y aquellos sus colores. Dijo más, que en esta tierra, según entendimientos, hay camellos que los cargan y dice que hay otros animales, los cuales no supimos entender, que son del tamaño de un caballo y que tienen el pelo de un jeme y la pata hendida, y que los tienen atados, y que destos hay pocos. Dice que hay en esta tierra dos lagunas de agua salada, de que ellas hacen sal. Dice que tienen una orden que en poniéndose el Sol no ha de quedar indio macho en todas estas ciudades que no salga afuera y se vaya a sus tierras: mas dice, que muchas provincias de indios a ellas comarcanas les tienen ellas subjetos y les hacen tributar y que les sirvan, y otras hay con quien tienen guerra, y especial con la que ya dijimos, y los traen para tener que hacer con ellos: éstos dicen que son muy grandes de cuerpo y blancos y mucha gente, y que todo lo que aquí dicho ha visto por muchas veces, como hombre que iba y venía cada día; y todo lo que este indio dijo y más nos habían dicho a nosotros a seis leguas de Quito, porque de estas mujeres había allí muy gran noticia, y por las ver vienen muchos indios el río abajo mil y cuatrocientas leguas; y así nos decían arriba los indios que el que hubiese de bajar a la tierra de estas mujeres había de ir muchacho y volver viejo. La tierra dice que es fría y que hay muy poca leña, y muy abundosa en todas comidas; también dice otras muchas cosas, y que cada día va descubriendo más, porque es un indio de mucha razón y muy entendido, y así lo son todos los demás [de aquella] tierra, según lo habemos dicho.

50 Véase la nota 37.

Otro día de mañana salimos deste asiento del robledal no poco alegres, pensando que ya dejábamos atrás todo lo poblado y que teníamos lugar para descansar de los trabajos pasados y presentes: y así comenzamos nuestro acostumbrado camino; pero no habíamos andado mucho, cuando a la mano siniestra, vimos muy grandes provincias y poblaciones, y éstas estaban en la más alegre y vistosa tierra que en todo el río vimos y descubrimos, porque era tierra alta de lomas y valles muy poblados, de las cuales dichas provincias salió a nosotros a medio río muy gran copia de piraguas a nos ofender y dar guerra. Estas gentes son tan grandes y mayores que muy grandes hombres y andan trasquilados, y salieron todos tiznados de negro, a cuya cabsa la llamamos la Provincia de los Negros. Salieron muy lucidos, y nos acometieron muchas veces; pero no nos hicieron daño, y ellos no fueron sin él. No tomamos ninguno de los dichos pueblos por no darnos lugar el Capitán por la demasiada gente que había. El Capitán preguntó al indio ya dicho cuya era aquella tierra y que quién la sujetaba, y dijo que aquella tierra y poblaciones que se parecían, con otras muchas que no víamos, eran de un señor muy grande que había nombre Arripuna, el cual señoreaba mucha tierra, que el río arriba y de traviesa, tenía ochenta jornadas que había fasta una laguna que estaba a la parte del Norte, la cual está muy poblada, y que la señorea otro señor que se llama Tinamostón; pero dice que éste es muy gran guerrero y que comen carne humana, la cual no comen en toda la demás tierra que hasta aquí hemos andado. Este sobredicho señor no es de la laguna, sino es de otra. Es el que tiene en sí y en su tierra los cristianos de que arriba tuvimos noticia, porque este dicho indio los había visto; y dice que posee y tiene muy gran riqueza de plata y con ella se sirven en toda la tierra, pero que oro no lo alcanzan; y en verdad que la misma tierra da crédito a todo lo que se dice, según la vista y parecer que tiene.

Fuimos caminando por el río y al cabo de dos días dimos en un pueblo pequeño donde los indios se nos defendieron, pero les desbaratamos y les tomamos la comida y pasamos adelante, y otro que estaba junto a él mayor: aquí se defendieron y pelearon los indios por espacio de media hora, tan bien y con tanto ánimo, que antes de que tuviésemos lugar de saltar en tierra mataron dentro en el bergantín grande un compañero que se llamaba Antonio de Carranza,[51] natural de Burgos. En este pueblo alcanzaban los indios alguna hierba ponzoñosa, porque en la herida del dicho se conoció, porque al cabo de veinticuatro horas dio el ánima a Dios.

Tornando a nuestro propósito, diré que se tomó el pueblo y recogimos todo el maíz que cupo en los bergantines, porque, como vimos la hierba, propusimos de no saltar en tierra ni en poblado sino fuese con demasiada necesidad, y así fuimos con más aviso del que hasta allí habíamos traído.

Caminamos con mucha priesa desviándonos de poblado, y un día en la tarde fuimos a dormir en un robledal que estaba en la boca de un río que entraba por la diestra mano en el de nuestra navegación, que tenía una legua de ancho. El Capitán mandó atravesar para dormir a donde dicho tengo, porque parecía junto a la costa de dicho río no haber poblado y podíamos dormir sin haber zozobra, aunque la tierra de dentro parecía mucho poblada: desto no nos temíamos y paramos en el dicho robledal, y aquí mandó el Capitán poner a los bergantines unas barandas a manera de fosados para defensa de las flechas, y no nos valieron poco. No había poco que estábamos en este dicho asiento, cuando viene

51 Antonio de Carranza, según Oviedo, era vecino de Frías, que se halla en efecto en la provincia de Burgos.

mucha cantidad de canoas y piraguas a se nos poner a vista, sin nos hacer otro mal, y desta manera no hacían sino ir y venir. Estuvimos en este asiento día y medio, y pensábamos de estar más. Aquí se avisó de una cosa no de poco espanto y adivinación a los que la vimos, y fue que a hora de vísperas se puso sobre un árbol debajo del cual estábamos aposentados un pájaro del cual nunca oímos más el canto, que a muy gran priesa hacía y distantemente decía hui, y esto dijo tres veces dándose muy gran priesa. También sé decir que este mismo pájaro o otro oímos en nuestra compañía desde el primer pueblo donde hicimos los clavos, y era tan cierto, que notando que estábamos cerca del poblado, al cuarto del alba nos lo decía de esta manera: hui; y esto muchas veces: quiere decir que era tan cierta esta ave en su canto que lo teníamos ya por tan cierto como que lo viéramos; y así era que cuando se oía nuestros compañeros se alegraban, y en especial si había falta de comida, y se aparejaban a ir todos a punto de guerra. Aquí nos dejó esta ave que nunca la oímos más.

Luego mandó el Capitán que nos partiésemos deste asiento porque le parecía que había mucha gente, y que a la noche, según parecía, tenían ordenado de dar en nosotros: fue noche que mandó el Capitán que pasásemos atados a las ramas porque no se halló lugar para dormir en tierra, y esto fue permisión divina, que si hallaran que saltare en tierra pocos de nosotros quedaran o ninguno que pudiera dar nueva del viaje, según pareció; y es que estando como dicho tengo, los indios vienen en nuestro seguimiento por tierra y agua, y así nos andaban buscando con muy grande estruendo, y así llegaron los indios a nosotros y estuvieron hablando, que los oíamos y veíamos, y no permitió Nuestro Señor que nos acometiesen, porque a nos acometer no quedara ninguno de nosotros; y así tenemos por cierto que Nuestro Señor los cegó para que no nos viesen; desta manera estuvimos fasta que vino el día, que el Capitán mandó que comenzásemos a caminar. Aquí conocimos que estábamos no muy lejos de la mar, porque llegaba la repunta de la marea, de lo que no nos alegramos poco en saber que ya no podíamos dejar de llegar a la mar.

En comenzando a caminar, como dicho tengo, dende a un rato descubrimos un brazo de un río no muy grande, por el cual vimos salir dos escuadrones de piraguas con muy gran grita y alarido, y cada uno de estos escuadrones se fue a los bergantines, y comenzaron a nos ofender y pelear como perros encarnizados; y si no fuera por las baranderas que se habían hecho atrás, saliéramos de esta escaramuza bien diezmados; pero con esta defensa y con el daño que nuestros ballesteros y arcabuceros les hacían fuimos parte, con el ayuda de Nuestro Señor, para nos defender: pero al cabo no salimos sin daño, porque nos mataron otro compañero llamado García de Soria, natural de Logroño;[52] y en verdad que no le entró la flecha medio dedo; pero como traía ponzoña, no duró veinticuatro horas, y dio el ánima a Nuestro Señor. Fuimos peleando desta manera desde que amaneció fasta que serían más de las diez, que no nos dejaron un momento holgar, antes cada hora había mucha más gente, tanto que el río andaba cuajado de piraguas, y esto porque estábamos en tierra muy poblada y de un señor que se llamaba Nurandaluguaburabara.[53] Sobre la barranca había muy gran copia de gente, que estaba mirando la guazabara,[54] así que nos fuesen siguiendo nos iban poniendo en mucho aprieto, tanto que es-

52 García de Soria, vecino, según Oviedo, del pueblo de su apellido.
53 Ichipayo.
54 «Guazábara: batalla, escaramuza, combate. Voz general o muy generalizada en todo el continente americano y aun en las islas de Cuba y Haití». Voces americanas empleadas por Oviedo, glosario que se ha-

taban ya cerca de los bergantines. Aquí se hicieron dos tiros muy señalados con los arcabuces, que fueron parte para que aquella gente diableada nos dejase; y el uno hizo el alférez, que mató de un tiro dos indios, y de temor de este trueno cayeron muchos al agua, de los cuales no se escapó ninguno, porque todos se mataron desde los bergantines: el otro hizo un vizcaíno llamado Perucho.[55] Esta fue una cosa muy de ver, de cuya cabsa los indios nos dejaron y se volvieron sin socorrer a los que andaban por el agua: ninguno de éstos, como dicho tengo, se escapó.

Acabado esto, el Capitán mandó atravesásemos a la banda siniestra del río por huir de lo poblado que parecía, y así se hizo: fuimos caminando por la dicha parte algunas leguas por tierra mucho buena, excepto que a la lengua del agua no había poblado, que todo parecía la tierra adentro; no supimos qué era la cabsa. Así fuimos costeando: vimos lo poblado en parte donde no nos podíamos aprovechar dello, y más se parecía unas fortalezas sobre unos cerros y lo más peladas, que estarían del río dos o tres leguas: no supimos qué señor señoreaba esta tierra, más que el indio nos dijo que en aquellas fortalezas se hacían fuertes cuando les daban guerra, pero no supimos quién era el que se las daba.

Yendo caminando, mandó el Capitán que saltásemos en tierra por tomar alguna recreación y ver la disposición de aquella tierra que tanto a nuestras vistas agradaba; y así, pa-

---

lla al fin de la edición de la *Historia de las Indias*, hecha por la Real Academia de la Historia.

55 Oviedo cita también este nombre de Perucho sin dar el apellido. ¿Sería acaso Pedro de Acaray?
En una lista de los secuaces de Gonzalo Pizarro, atribuida al Provincial de Santo Domingo, se nombra a un Garay, vizcaíno, soltero, residente en Guamanga, que a la postre se redujo al servicio real, y a quien se le dejaron sus indios. Nos parece que este Garay, vizcaíno, debe ser la misma persona que Perucho y Pedro de Acaray.

ramos días en este dicho asiento, de donde el Capitán mandó que se fuese a ver la tierra dentro en una legua por ver y saber qué tierra era: y así, fueron, y no caminaron una legua cuando los que iban dan la vuelta, dicen al Capitán cómo la tierra iba siempre mejorando porque era todo sabanas y los montes como dicho habemos, y parecía mucho rastro de gente que venía por allí a caza, y que no era cosa de pasar adelante; y así de la vuelta el Capitán se holgó.

Aquí comenzamos a dejar la buena tierra y sabanas y tierra alta, y comenzamos a entrar en tierra baja de muchas islas, aunque pobladas no tanto como las de arriba. Aquí dejó el Capitán la tierra firme y se metió en las islas, por las cuales fue caminando, tomando de comer a donde veíamos; que sin daño se podía hacer; y por ser las islas muchas y muy grandes, nunca pudimos tornar a tomar la tierra firme de una ni de la otra parte fasta la mar, en que iríamos por entre las islas doscientas leguas, todas las cuales, y aun ciento más, sube la marea con mucha furia, en que por todas son trescientas de marea e mil quinientas sin ella; de manera que se montan las leguas que hemos andado por este río, desde donde salimos hasta la mar, mil y ochocientas leguas, antes más que menos.

Yendo caminando por nuestro acostumbrado camino, como salíamos muy faltos y con harta necesidad de comida, fuimos a tomar un pueblo, el cual estaba metido en un estero: hora de pleamar mandó el Capitán enderezar allá el bergantín grande; acertó a tomar el puerto bien y saltaron los compañeros en tierra: el pequeño no vido un palo que estaba cubierto con el agua, y dio tal golpe que una tabla se hizo pedazos, tanto que el barco se anegó. Aquí nos vimos en muy grandísimo aprieto, tanto que en todo el río no le tuvimos mayor, y pensamos todos perecer, porque de todas partes nos golpeaba la fortuna; porque como nuestros compañeros, saltaron en tierra, dieron en los indios y los hicieron huir, y creyendo que estaban seguros comienzan a recoger comida. Los indios, como eran muchos, revuelven sobre nuestros compañeros, y les dan tal mano, que los hacen volver donde estaban los bergantines, los indios en su seguimiento; pues en los bergantines poca seguridad tenían, porque el grande estaba en seco, que había bajado la marea, y el pequeño anegado, como he dicho; y así estábamos en esta necesidad sin tener remedio sino de solo Dios y el de nuestras manos, que era el que nos había de valer y sacar de la necesidad en que estábamos; y luego el Capitán ordenó de poner y dar luego remedio como no recibiésemos daño, y fue de manera que mandó dividir la gente, que fue que la mitad de todos los compañeros peleasen con los indios y los otros varasen el bergantín pequeño y se adobase; y mandó luego que el grande se pusiese en alto de manera que nadase, y quedó dentro el Capitán con solamente los dos religiosos que veníamos en su compañía y otro compañero a guardar el dicho bergantín, y para defensa de los indios por la parte del río: así estábamos todos, no sin tener poco en qué entender, de manera que teníamos guerra por tierra y fortuna por agua; plugo a Nuestro Señor Jesucristo de ayudarnos y favorecernos como siempre ha hecho en todo este viaje, y que nos ha traído como gente perdida, sin saber dónde estábamos ni dónde íbamos, ni qué había de ser de nosotros. Aquí se conoció muy particular y generalmente que usó nuestro Dios de su misericordia, pues sin entender ninguno cómo hizo la merced divina y con inmensa bondad y providencia divina se remedió y se socorrió; de manera que el bergantín se adobó y se echó una tabla; y a este mismo tiempo huyó la gente de guerra, y en tres horas que se tardó la dicha obra no dejaron de pelear. ¡Oh inmenso y soberano Dios, cuántas veces nos vimos en trances de agonía tan cercanos a la muerte que sin tu misericordia era imposible alcanzar fuerzas ni consejo de los vivos para quedar con las vidas! De este pueblo sacamos alguna comida, y vino tan justo el día con la necesidad, que la noche cerrada y nosotros acabados de embarcar todo fue uno. Esta noche dormimos en el mismo río en los bergantines. El día siguiente tomamos puerto en el monte. Aquí pusimos por obra de enderezar el bergantín pequeño de manera que pudiese navegar, que tardamos en dicha obra diez y ocho días, y de nuevo se tornaron a hacer aquí clavos, donde de nuevo nuestros compañeros no trabajaron poco; pero había muy gran falta de comida: comíamos el maíz por granos contados. Asimismo, estando en esta necesidad, mostró Nuestro Señor el particular cuidado que tenía de nosotros pecadores, pues quiso proveer en esta necesidad con todo lo demás que tengo dicho; y fue así, que un día sobre tarde pareció que venía por el río una danta muerta, tamaña como una mula, y visto por el Capitán, mandó a ciertos compañeros que se la trajesen y tomasen una canoa para traerla, y la trajeron y se repartió por todos los compañeros, de manera que a cada uno le cupo de comer para cinco o seis días, que no fue poco, sino mucho remedio para todos. Esta danta venía recién muerta, porque estaba caliente y no traía ninguna herida.

Acabado de adobar el bergantín y clavos, para adobar el grande partimos de este asiento y fuimos caminando y buscando aparejo o playa para lo sacar y adobar de lo necesario. Día de San Salvador, que es la Transfiguración de Nuestro Señor Jesucristo, hallamos la dicha playa que buscábamos, donde se adobaron de todo entrambos bergantines y se les hizo sus jarcias de yerbas y cabos para la mar, y velas de las mantas en que dormíamos, y se les pusieron sus mástiles: se tardó de hacer la dicha obra catorce días, de continua y ordinaria penitencia por la mucha hambre y poca comida que había, que no se comía sino lo que se mariscaba a la lengua del agua, que eran unos caracolejos y unos cangrejos bermejuelos del tamaño de ranas; y éstos iban a tomar la mitad de los compañeros y la otra mitad quedaban trabajando: desta manera y con este trabajo concluimos la dicha obra, que no fue pequeña alegría para nuestros compañeros, los que tenían echado aparte tan gran trabajo.

Salimos de este asiento a ocho días del mes de agosto, bien o mal proveídos según nuestra poca posibilidad, porque muchas cosas nos faltaban de que teníamos necesidad; pero como estábamos en parte que no lo podíamos haber, pasábamos nuestro trabajo como mejor podíamos. De aquí fuimos a la vela guardando la marea, dando bordos a un cabo y a otro, que bien la había según por donde el río era ancho, aunque íbamos entre islas, pues no estábamos en poco peligro cuando aguardábamos la marea; pero como no teníamos rejones, estábamos amarrados a unas piedras. Echábamos por portalles y teníamonos tan mal que nos acontecía muchas veces garrar y volver el río arriba en una hora más que habíamos andado en todo el día. Quiso nuestro Dios, no mirando a nuestros pecados, de nos sacar de estos peligros y hacernos tantas mercedes que no permitió que nos muriésemos de hambre ni padeciésemos naufragio, del cual estábamos muy cerca muchas veces hallándonos en seco, y ya todos en el agua, pidiendo a Dios misericordia; y según las veces que tocaron y se dieron golpes, se puede creer que Dios con su poder absoluto nos quiso librar por que nos enmendásemos o para otro misterio de su Divina Majestad guardado [tenía] que así los hombres no alcanzamos. Fuimos caminando continuamente por poblado, donde nos proveímos de alguna comida, aunque poca, porque los indios la tenían alzada, pero hallábamos algunas raíces que llamaban inanes, que a no las hallar, todos pereciéramos de hambre: así salimos muy faltos de bastimentos. En todos estos pueblos nos esperaban los indios sin armas, porque es gente muy doméstica, y nos daban señas que no habían visto cristianos. Estos indios están a la boca del río por donde salimos, donde tomamos agua, cada uno un cántaro, y unos a medio almud de maíz tostado y otros menos, y otros con raíces, y de esta manera nos pusimos a punto de navegar por la mar por donde la ventura nos guiase y echase, porque nosotros no teníamos piloto, ni aguja, ni carta ninguna de navegar, y ni sabíamos por qué parte o a qué cabo habíamos de echar. Por todas estas cosas suplió nuestro Maestro y Redentor Jesucristo, el cual teníamos por verdadero piloto y guía, confiando en su Sacratísima Majestad, que Él nos acarreara y llevara a tierra de cristianos. Toda la gente que hay en este río que hemos pasado, como hemos dicho, es gente de mucha razón y hombres ingeniosos, según que vimos y parecía por todas las obras que hacen, así de bulto como dibujos y pinturas de todas las colores, muy vivísimas, que es cosa maravillosa de ver.

Salimos de la boca de este río por entre dos islas, que había de la una a la otra cuatro leguas por medio del río, y todo él junto, según arriba le vimos, tendrá de punta a punta sobre cincuenta leguas: mete en la mar el agua dulce más de veinte y cinco leguas;[56] crece y mengua seis o siete brazas. Salimos, como dije, a veinte y seis días del mes de Agosto, día de San Luis; e nos hizo tan buen tiempo, que nunca por río ni por la mar tuvimos aguaceros, que no fue poco milagro que Nuestro Señor Dios obró con nosotros. Comenzamos a caminar con entrambos bergantines, unas veces a vista de

56 Veinte.

tierra y otras veces no la veíamos, mas no que supiésemos dónde, y el mismo día de la Degollación de San Juan en la noche se apartó el un bergantín de otro, que nunca más nos pudimos ver, que pensamos que se hubiesen perdido, y al cabo de nueve días que navegábamos nos metieron nuestros pecados en el golfo de Paria[57] pensando que aquel era nuestro camino, y como nos hallamos dentro tornamos a salir a la mar: y fue la salida tan dificultosa que tardamos en ella siete días, todos los cuales nunca dejaron los remos de las manos nuestros compañeros, y en todos estos siete días no comimos sino fruta a manera de ciruelas, que se llaman hogos; así que con mucho trabajo salimos por las bocas del Dragón, que tales se pueden llamar para nosotros, porque por poco nos quedáramos dentro. Salimos de esta cárcel; fuimos caminando dos días por la costa adelante, al cabo de los cuales, sin saber dónde estábamos, ni dónde íbamos, ni qué había de ser de nosotros, aportamos a la isla de Cubagua, y ciudad de La Nueva Cádiz, donde hallamos nuestra compañía y pequeño bergantín que había dos días que había llegado, porque ellos llegaron a nueve días de Septiembre y nosotros llegamos a once de dicho mes con el bergantín grande, donde venía nuestro Capitán: tanta fue la alegría que los unos con los otros recebimos, que no lo sabré decir, porque ellos nos tenían a nosotros por perdidos y nosotros a ellos.

De una cosa estoy informado y certificado: que así a ellos como a nosotros nos ha hecho Dios grandes mercedes muy señaladas en nos traer en este tiempo, que en otros los maderos que andan por la costa no nos dejaran navegar, porque es la más peligrosa costa que se ha visto. Fuimos tan bien recebidos de los vecinos de esta ciudad como si fuéramos sus

57 Aparian.

hijos, porque nos abrigaron y nos dieron lo que habíamos menester.

Desta isla acordó el Capitán de ir a dar cuenta a Su Majestad deste nuevo y gran descubrimiento y deste río, el cual tenemos que es Marañón, porque hay desde la boca hasta la isla de Cubagua cuatrocientas cincuenta leguas de altura, porque así lo hemos visto después que llegamos. En toda, la costa, aunque hay muchos ríos, son pequeños.

Yo, Fray Gaspar de Carvajal, el menor de los religiosos de la Orden de nuestro religioso Padre Santo Domingo, he querido tomar este poco trabajo y suceso de nuestro camino y navegación, así para decirla y notificar la verdad en todo ello; como para quitar ocasiones a muchos que quieran contar esta nuestra peregrinación, o al revés de como lo hemos pasado y visto; y es verdad en todo [lo] que yo he escrito y contado, y porque la prodigalidad engendra fastidio, así, superficial y sumariamente, he relatado lo que pasado por el Capitán Francisco de Orellana y por los hidalgos de su compañía y compañeros que salimos con él del real de Gonzalo Pizarro, hermano de Don Francisco Pizarro, Marqués y Gobernador del Perú. Sea Dios loado. Amén.

Fin

Libros a la carta

A la carta es un servicio especializado para
empresas,
librerías,
bibliotecas,
editoriales
y centros de enseñanza;
y permite confeccionar libros que, por su formato y concepción, sirven a los propósitos más específicos de estas instituciones.

Las empresas nos encargan ediciones personalizadas para marketing editorial o para regalos institucionales. Y los interesados solicitan, a título personal, ediciones antiguas, o no disponibles en el mercado; y las acompañan con notas y comentarios críticos.

Las ediciones tienen como apoyo un libro de estilo con todo tipo de referencias sobre los criterios de tratamiento tipográfico aplicados a nuestros libros que puede ser consultado en Linkgua-ediciones.com.

Linkgua edita por encargo diferentes versiones de una misma obra con distintos tratamientos ortotipográficos (actualizaciones de carácter divulgativo de un clásico, o versiones estrictamente fieles a la edición original de referencia).

Este servicio de ediciones a la carta le permitirá, si usted se dedica a la enseñanza, tener una forma de hacer pública su interpretación de un texto y, sobre una versión digitalizada «base», usted podrá introducir interpretaciones del texto fuente. Es un tópico que los profesores denuncien en clase los desmanes de una edición, o vayan comentando errores de interpretación de un texto y esta es una solución útil a esa necesidad del mundo académico.

Asimismo publicamos de manera sistemática, en un mismo catálogo, tesis doctorales y actas de congresos académicos, que son distribuidas a través de nuestra Web.

El servicio de «libros a la carta» funciona de dos formas.

1. Tenemos un fondo de libros digitalizados que usted puede personalizar en tiradas de al menos cinco ejemplares. Estas personalizaciones pueden ser de todo tipo: añadir notas de clase para uso de un grupo de estudiantes, introducir logos corporativos para uso con fines de marketing empresarial, etc. etc.

2. Buscamos libros descatalogados de otras editoriales y los reeditamos en tiradas cortas a petición de un cliente.

www.ingramcontent.com/pod-product-compliance
Lightning Source LLC
LaVergne TN
LVHW101917190826
846094LV00002B/36

* 9 7 8 8 4 1 1 2 6 7 2 6 7 *